Jochem · Performance 2.0

Julia Jochem

Performance 2.0

Zum Phänomen Flashmob als performativer Prozess

Verlag Werner Hülsbusch
Fachverlag für Medientechnik und -wirtschaft

J. Jochem: Performance 2.0

Bibliografische Information der Deutschen Nationalbibliothek
Die Deutsche Nationalbibliothek verzeichnet diese Publikation in der Deutschen
Nationalbibliografie; detaillierte bibliografische Daten sind im Internet unter
http://d-nb.de abrufbar.

© Verlag Werner Hülsbusch, Boizenburg, 2011

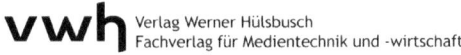 Verlag Werner Hülsbusch
Fachverlag für Medientechnik und -wirtschaft

www.vwh-verlag.de

Lektorat und Satz: Werner Hülsbusch
Umschlag: design of media, Lüchow
Druck und Bindung: Kunsthaus Schwanheide

Printed in Germany

ISBN: 978-3-940317-98-8

Inhaltsverzeichnis

Vorwort

Ganz plötzlich, scheinbar aus dem Nichts, tauchen sie an öffentlichen Plätzen auf: Menschen unterschiedlichen Alters, die aus den verschiedenen Richtungen herbeiströmen. Auf ein Signal bilden sie ein Kollektiv und dann – tanzen und hüpfen sie, zücken Bananen, um sie wie Waffen auf ihr Gegenüber zu halten oder bleiben einfach steif stehen und bilden so eine Statue im urbanen Raum. Die sogenannten *Flashmobs* beschreiben ein Phänomen, das 2003 das erste Mal unter diesem Begriff in Erscheinung trat und mittlerweile zu einer populären performativen Ausdrucksform avanciert ist.

Diese Arbeit analysiert den Trend aus einer mediengeschichtlichen Sichtweise. Mediengeschichte bedeutet hier jedoch nicht nur eine historische Verortung des Untersuchungsgegenstands, sondern vielmehr einen interdisziplinären Blick auf das Phänomen.

Die hier vorliegende Buchfassung basiert auf meiner Diplomarbeit, die ich im Juli 2010 im Studiengang „Medien-Planung, -Entwicklung und -Beratung" der Universität Siegen vorgelegt habe und die von Frau Prof. Dr. SUSANNE REGENER betreut wurde. Für die Buchfassung wurde die zugrunde liegende Diplomarbeit geringfügig überarbeitet.

Auf das Thema gestoßen bin ich ursprünglich durch einen kleinen Umweg. Ganz allgemein interessierten mich zunächst die diversen Strategien, die unter dem Motto „Intervention im öffentlichen Raum" zusammengefasst werden können. Angefangen bei *Street Art*, die vor allem durch den Künstler BANKSY bekannt geworden ist, recherchierte ich zu den Themen *Adbusting* und *Reclaiming the Streets*. Im Zuge dessen stieß ich immer wieder auf einen aktuellen Trend, der von mir bis dahin noch nicht besonders beachtet worden war: Flashmobs. Besonders faszinierten mich die Videos auf *YouTube*, in denen hunderte Menschen gemeinsam eine skurrile Aktion durchführen und damit einen *Hack,* eine Störung im Alltag, vollziehen.

In Zeitungsartikeln, Internetforen und bei *Wikipedia* werden Flashmobs als Blitzaktion im öffentlichen Raum definiert. Doch schon die Tatsache, dass ich nur die mediale Aufzeichnung kannte, weckte in mir den Wunsch, das Phänomen als performativen Prozess zu beschreiben – als Prozess, der nicht nur die kurzweilige Aktion im öffentlichen Stadtraum beinhaltet, sondern auch dessen Vor- und Nachbereitung, die sich im öffentlichen Raum des Internets vollziehen.

Die Recherche zu meinem Forschungsgegenstand erwies sich als Herausforderung. Aufgrund der Aktualität existierten so gut wie keine wissenschaftlichen Auseinandersetzungen zu diesem Thema. Ein halbes Jahr verbrachte ich mit Literatur aus den Disziplinen der Theaterwissenschaft, der Populären Kultur, der Soziologie und der Medienwissenschaft, um ein Gerüst für die Analyse meiner Arbeit zu schaffen.

Für den Austausch, die Hilfestellungen und die Unterstützung während dieser Zeit möchte ich mich ganz herzlich bei meinen Eltern, AIDAN LONG, CHRISTINA NATLACEN sowie GESINE STEGMANN bedanken.

Karlsruhe, im August 2011
JULIA JOCHEM

1 Einleitung

Kölner Hauptbahnhof. 15.00 Uhr. 5. Dezember 2009. Alles scheint wie immer an diesem Samstagnachmittag. Die Bahnhofshalle gleicht einem Ameisenhaufen, Menschen eilen hektisch hin und her, bemüht, ihr Ziel in Nah und Fern zu erreichen. Doch irgendetwas ist anders. Ein Schwarm von Menschen ist ganz plötzlich, wie aus dem Nichts, aufgetaucht. Ein kurzer Aufschrei und nichts ist mehr wie es war. Unwirklich irgendwie. Der Menschenschwarm hat sich verteilt. Jeder Einzelne hält eine Banane in der Hand, die er als Waffe auf sein Gegenüber richtet. Wie von einem Schuss getroffen, sinken die Akteure kurz darauf nieder. Was zum Teufel ist hier eigentlich los? Ungläubige Blicke. Einige Passanten greifen zu Handy und Digitalkamera, um diesen Moment festzuhalten. Andere Reisende waten eilig über die am Boden liegende Menge. Dann, ein Pfiff. Die Menschen am Boden rappeln sich auf. Sie brechen in Jubel aus, klatschen. Die Bananen werden wieder verstaut oder gegessen. So plötzlich wie er aufgetaucht ist, löst sich der Schwarm wieder auf. Die Akteure verlassen den Bahnhof. Alles ist wieder wie immer an diesem Samstagnachmittag.[1]

Die hier beschriebene Szene veranschaulicht ein Phänomen, das erstmalig 2003 in New York auftrat (vgl. SHIRKY 2008: 164 f.). Seitdem werden die sogenannten *Flashmobs* rund um den Globus aufgeführt. Der Verlauf ist dabei stets der gleiche. Plötzlich und unerwartet erscheinen die Akteure auf öffentlichen Plätzen, wo sie eine kurze, scheinbar sinnlose Handlung durchführen, um sich danach wieder in alle Winde zu verstreuen. Gemeinsam wird getanzt, gehüpft, gesungen oder ein kollektiver Bewegungsstillstand erprobt. Der Fantasie für die Aktionen sind keine Grenzen gesetzt. Hauptsache ist, die Ideen sind außergewöhnlich und beleben den Alltag. Die Reaktionen der Außenstehenden sind derweil geteilt. Neben positiver Resonanz seitens der Passanten und Presse, die die Kreativität der Aktionen loben, gibt es auch kritische Stimmen. Der Flashmob lebe von der Langeweile, der Leere, dem Unbehagen seiner Teilnehmer, moniert die *Zeit Online*. Er sei wie ein Werbespot ohne Produkt, ohne jeden Sinn (vgl. KÜMMEL 2003). Diese Kritik

---

1 Die Schilderung dieser Eindrücke beruht auf der Rezeption des Flashmob-Videos *Banana-Bang Cologne*. Vgl. http://www.youtube.com/watch?v=MQ1_xOeOIXM.

bleibt jedoch substanzlos, wenn man den Blickwinkel der Betrachtung verändert. Beleuchtet man die Voraussetzungen und die Motivation der Aktionen, so wird deutlich: Es geht um ein Gefühl von Gemeinschaft, den Wunsch
nach Provokation, einen Moment der Selbstermächtigung.
  Die Flashmobber erobern die Städte, nutzen sie als Bühne und reihen sich
damit ein in die Traditionslinie der künstlerischen Aktionsformen im öffentlichen Raum. Flashmobs sind Ausdruck eines Trends, die Straße kreativ um-
zugestalten und als Freizeitraum zu nutzen. Dazu zählen neben *Graffiti* und
Street Art auch *Cross Golf* und die *Parkourläufer*.[2] Sie alle nutzen die Stadt
als eine Art Spielplatz. *Urban Playground Movement* oder *Urban Hacking*
lauten die neuen Begriffe, unter denen die verschiedenen Ausdrucksformen
subsumiert werden.
  Wer sich für die Flashmob-Idee interessiert und an einer Aktion teilnehmen möchte, der ist auf einen Computer mit Internetzugang angewiesen.
Ohne diverse Online-Dienste, die es Menschen mit den gleichen Interessen
ermöglichen, sich zu finden, auszutauschen und in Gruppen zu organisieren,
wäre das Phänomen Flashmob nicht denkbar. In Foren wird zunächst über
mögliche neue Ideen diskutiert, um anschließend, nach einer gewissen Pla-
nungszeit, den virtuellen Raum zu verlassen und als Gruppe den Stadtraum
zum Schauplatz eines Kurzhappenings werden zu lassen. Neben der Aktion
im urbanen öffentlichen Raum beinhaltet das Konzept eines Flashmob auch
die mediale Aufzeichnung des Ereignisses durch mindestens einen der Teilnehmer. Mit einer Videokamera oder dem Handy wird die Aktion festgehal-
ten, auf Videoportale hochgeladen und somit theoretisch für jeden mit einem
Internetanschluss sichtbar gemacht.

Forschungsstand

Wissenschaftlich ist das Phänomen Flashmob weitgehend unerforscht. Zu
den wenigen Arbeiten, die sich eingehender mit dem Thema „Flashmob"
beschäftigen, gehört HOWARD RHEINGOLDs Werk *Smart Mobs: the next
social revolution* (RHEINGOLD 2002b). Sein Blick in die Zukunft fokussiert
in erster Linie die Frage, inwiefern neue Medien den menschlichen Hand-

---

2 Während es sich bei *Graffiti* und *Street Art* um künstlerische Ausdrucksformen handelt,
  bei denen sichtbare grafische Zeichen bzw. plastische Elemente im öffentlichen Raum
  hinterlassen werden, bezeichnen die Begriffe *Cross Golf* und *Parkour* neue Trendsport-
  arten. Hierbei werden öffentliche Plätze mit ihren architektonischen Vorgaben in die
  Handlungen der Akteure integriert.

lungsspielraum erweitern und neue soziale Handlungsformen ermöglichen. *Here comes everybody: the power of organizing without organizations* von CLAY SHIRKY greift sechs Jahre nach RHEINGOLD dessen Forschungsschwerpunkt wieder auf. Auch er prognostiziert die zunehmende Bedeutung neuer Medien für soziale und damit auch für gesellschaftliche Transformationen. Beide sind der Ansicht, dass deren Potenzial anhand der neuen Möglichkeiten zur Gruppenbildung am deutlichsten sichtbar wird. Menschen, die sich nicht kennen, sind plötzlich – weil sie ein gemeinsames Ziel oder Interesse teilen – in der Lage, „Ad-hoc-Allianzen" (ebd.: 161) zu bilden. Smart- bzw. Flashmobs werden in diesem Zusammenhang als ein Beispiel für neue Optionen der Netzwerkbildung genannt.

Aus einem gänzlich anderen Forschungsinteresse heraus untersucht KATRIN BAUER in ihrer Dissertation das Phänomen. Die Ethnologin bestimmt Flashmobs als ein Beispiel für den Ausdruck neuer Jugendkulturen (vgl. BAUER 2009). Und auch die Dozenten und Studenten der Universität Bonn haben sich mit dem Thema Flashmob auseinandergesetzt. Im Rahmen des Seminars „visuelle Soziologie" wurde im Sommersemester 2009 ein Flashmob initiiert und durchgeführt. Im Mittelpunkt stand die Fragestellung nach den Inszenierungspraktiken der Teilnehmer.[3]

Zielsetzung der Arbeit

In dieser Arbeit hingegen werden Flashmobs unter folgenden Fragestellungen vorgestellt und untersucht: Neben dem visuellen Ereignis im Stadtraum, als das Flashmobs im Allgemeinen wahrgenommen werden, interessiert hier, welche Schritte dem Ereignis vorangehen und was im Anschluss an die Aktion im urbanen öffentlichen Raum geschieht. Gezeigt werden soll, dass Flashmobs einen *Prozess*[4] darstellen, der auch die Vor- und Nachbereitung der Aktionen beinhaltet. Anders als die Live-Aktion finden diese im virtuellen Raum des Internets statt. Das übergeordnete Ziel dieser Arbeit ist es, mit *Performance 2.0* einen Begriff vorzustellen, der dem prozessualen Charakter

---

3 Die Ergebnisse der Auswertung können auf der Homepage von ROSI WÜRTZ nachgelesen werden, die eine der betreuenden Dozenten dieses Seminars war (vgl. http://www.hofgartenwiese.de/ [04.03.2010]).

4 Wenn im weiteren Verlauf von Flashmobs als Prozess bzw. deren Prozessualität gesprochen wird, verweist dies auf die Dynamik des Phänomens und die Tatsache, dass kein statisches Werk, sondern der Vollzug einer Handlung im Vordergrund steht, der in drei aufeinanderfolgende Phasen unterteilt werden kann.

des Untersuchungsgegenstandes gerecht wird. Der Aspekt der *Performance* rekurriert dabei auf die Aufführung des visuellen Ereignisses, während *2.0* auf die Bedeutung des Internets, respektive des *Web 2.0,* für den Ablauf eines Flashmob verweist. Dies geschieht aus einer mediengeschichtlichen Perspektive, womit ein interdisziplinärer Ansatz verfolgt wird, der es möglich macht, den Prozess eines Flashmob aus verschiedenen Blickwinkeln zu beleuchten.

Performance + 2.0 = Performance 2.0

Unter Berücksichtigung des aktuellen Forschungsstands gibt Kapitel 2 zunächst einen Überblick über die noch junge Geschichte der Flashmobs, um anschließend eine vorläufige Begriffsbestimmung vorzunehmen. Kapitel 3 dient sodann der kulturhistorischen Verortung des Untersuchungsgegenstandes. Beispiele aus der Kunstgeschichte und der Populären Kultur sollen zeigen, dass Flashmobs als hybrides Ereignis bestimmt werden können, welches Elemente aus beiden Bereichen inkorporiert. Hinsichtlich der Intention, mit *Performance 2.0* einen neuen Begriff zu etablieren, wird in diesem Kapitel die Begriffskomponente der *Performance* näher betrachtet.

Ein wesentliches strukturelles Merkmal von Performances ist deren *Prozessualität* (vgl. JAPPE 1993). Neben der Aufführung eines visuellen Ereignisses gehört auch dessen Planung und Reproduktion in Form der medialen Aufzeichnung dazu. Auch Flashmobs stellen einen mehrstufigen Prozess dar, der in Kapitel 4 analysiert wird. Dieser lässt sich in drei Phasen unterteilen: die Phase der *Vorbereitung*, der *Durchführung* und der *Bilderwanderung*.[5] Die Wanderung von Bildern bezeichnet deren Neukontextualisie-

---

5 Der Aspekt der Bilderwanderung gehört zu SUSANNE REGENERs Konzept der *Blickkultur* (vgl. REGENER 2006a). Unter Blickkultur versteht man „jene in einer jeweiligen Kultur durch Bilder und die Medialisierung von Bildern geprägten Formen von Wahrnehmen und Darstellen. Zur Blickkultur gehören Erfahrungen mit Bildern, Traditionen der symbolischen Darstellung und die Wanderung von Bildern von einem gesellschaftlichen Bereich in den anderen von einem Medium ins andere" (ebd.: 120). Der Begriff der Bilderwanderung wird hierbei im Zusammenhang mit Fotografien verwendet. Auf Basis der Annahme, dass zu jeder Fotografie immer ein Umfeld gehört – in Form eines Produktions- und Rezeptionszusammenhangs sowie eines Textes – bedeutet die Wanderung eines Bildes, dass sich dieses Umfeld verändert. Daraus resultiert eine andere Wahrnehmung und Sinnzuschreibung des Bildes.

rung[6], die mit einem Bedeutungswandel einhergeht. Wenn in dieser Arbeit der Begriff der Bilderwanderung verwendet wird, begründet sich dies in einem Verständnis, das visuelle Ereignis im öffentlichen Raum als *lebendes Bild*[7] anzusehen. Durch seine mediale Aufzeichnung wird es fixiert und wandert in den Raum des Internets, wo es in ein neues mediales Umfeld eingebettet wird und somit eine andere Sinnzuschreibung erfährt.

Bezüglich der Intention, den Begriff der *Performance 2.0* für das Phänomen Flashmob vorzuschlagen, wird in Kapitel 4 näher auf den Aspekt des *Web 2.0* eingegangen. Abschließend werden beide Elemente des Begriffs zusammengeführt und es wird verdeutlicht, worauf diese Begrifflichkeit verweist.

---

6 SUSANNE REGENER versteht unter dem Kontextbezug der Bilder einen komplexen Begriff, „der Texte, Bilder, Fantasien, Haupt und Nebenschauplätze, verschiedene Medien und Vermittlungsebenen vereint" (REGENER 2006a: 128).

7 Diese Formulierung geht zurück auf ELISABETH JAPPE, die konstatiert: „Performance ist ein lebendes Bild, in dem der Künstler selbst eine zentrale Stellung einnimmt" (JAPPE 1993: 10). Sie begründet ihre Einschätzung mit dem Verweis darauf, dass auch eine Handlung als Bild rezipiert wird – insbesondere die Performance würde in erster Linie als visuelles Erlebnis wahrgenommen (vgl. ebd.: 10).

2 Ver-rückte Meute

"We've come a long long way together, through the hard times and the good.
I have to celebrate you baby, I have to praise you like I should."[8]

War der Song „Praise you" von FATBOY SLIM 1999 ein großer Hit, der die Nummer Eins der britischen Charts eroberte, ist es bis heute vor allem seine visuelle Umsetzung, die sich in den Köpfen verankert hat.[9] Der Videoclip von Regisseur SPIKE JONZE zeichnet sich durch eine Umkehrung der Relation von Bild und Ton aus und steht stellvertretend für eine Reihe von Musikvideos, in denen sich das Bild von der Musik emanzipiert (vgl. KEAZOR/ WÜBBENA 2007: 280 f.). Gefilmt im „Guerilla-Stil" – also ohne Drehgenehmigung – zeigt das Video verwackelte Bilder einer vermeintlichen Amateur-Tanzgruppe, die plötzlich auf dem Vorplatz eines Theaters einen Ghettoblaster platziert und mit einer skurrilen Performance beginnt. Die Gruppe bildet eine verschworene Gemeinschaft und scheint ganz in ihrem Element zu sein. Ihr Auftreten entspricht nicht der Norm, ihr Verhalten wirkt deplatziert: „ver-rückt". Schnell bildet sich eine Traube von Menschen, die verwundert stehen bleiben und Augenzeuge dieses seltsamen Ereignisses werden. Der Vortänzer der Gruppe, SPIKE JONZE selbst, der mit besonders ausgefallenen Bewegungen hervorsticht, sucht den direkten Kontakt zum Publikum, indem er sich immer wieder von der Gruppe löst und auf die Umherstehenden zuspringt. Die Kamera, die den Auftritt festhält, wird als dokumentierendes Werkzeug eingesetzt, die sowohl die Performance der Tänzer, als auch die Reaktionen der am Rande stehenden Passanten einfängt. Sie ist fast pausenlos in Bewegung, zeigt teils verwackelte und stets schlecht beleuchtete Aufnahmen und „rekurriert [damit, J.J.] auf die Ästhetik des Amateurvideos" (SCHUBERT 2006).

Die erste mit dem Begriff *Flashmob*[10] belegte Aktion findet 2003 in New York statt. Doch schon der FATBOY SLIM-Clip von 1999 bannt eine Situation

---

8 Der Song „Praise you" von FATBOY SLIM erschien 1998 auf dem Album *You've come a long way baby*.

9 Bei den *MTV Music Awards* von 1999 erhielt das Video drei Auszeichnungen: Breakthrough Video, Best Direction und Best Choreography.

10 Im englischen Sprachgebrauch wird der Begriff getrennt, hier ist die vorherrschende Schreibweise „flash mob". Vor allem im deutschen Sprachraum hat sich jedoch die Schreibweise „Flashmob" durchgesetzt, die hier ebenfalls verwendet wird.

auf Video, die wesentliche Elemente der heutigen Flashmob-Aktionen enthält. Auch wenn die Performance der Aerobic-Tänzer von 1999 nicht innerhalb der Geschichte der Flashmobs verortet werden kann – ein wesentliches
Unterscheidungsmerkmal ist die nicht-kommerzielle Ausrichtung der Flashmob-Aktionen – lassen sich doch einige inhaltliche und strukturelle Ähnlichkeiten herausfiltern. Der vorliegenden Untersuchung dient der beschriebene Inhalt des Videos dazu, um von hier aus die Geschichte der Flashmobs
nachzuzeichnen und eine erste Begriffsbestimmung vorzunehmen.

Gemeinsam anders

Abb. 1 Eindrücke aus Moments of
Starlings, einem Projekt der *Urbanauten*,
durchgeführt im Rahmen des SPIEL-
ART-Festivals in München 2009
(Quelle: www.blog.urbanaut.org/pics/
[02.02.2010])

Spontan, verwirrend, gemeinsam anders als die Anderen sein – diese
Schlagwörter zeichnen nicht nur die Intention der Tänzer aus dem genannten
Videoclip aus, sondern charakterisieren auch das Erscheinungsbild der ersten

Aktion, die zunächst unter dem Begriff *Mob-Project* (vgl. DELIO 2003) be-
sprochen wurde. Der Neologismus *Flashmob* stammt von SEAN SAVAGE,
Webdesigner aus San Francisco, in Anlehnung an den von HOWARD
RHEINGOLD kreierten Begriff *Smart Mob* (vgl. NICHOLSON 2005).

Der erste Flashmob: Ein New Yorker Kaufhaus am 17. Juni im Jahr 2003.
Plötzlich erscheint eine Gruppe von mehr als hundert Menschen und erkun-
digt sich aufgeregt nach einem „Liebesteppich" für ihre Kommune. Die ver-
dutzten Verkäufer haben nicht viel Zeit, Ursachenforschung zu betreiben,
denn der Trupp zieht weiter, verstreut sich in alle Richtungen, um sich später
in einer Hotellobby erneut zu versammeln und dort für 15 Sekunden ohne
ersichtlichen Grund zu applaudieren. Durch Mund-zu-Mund-Propaganda,
SMS, E-Mails und Blogeinträge hatte der Organisator, der US-Journalist
BILL WASIK,[11] die Menschen über die Idee zu der Aktion informiert.[12] Seine
Intention war es, den Drang aufzudecken, mit dem junge Menschen danach
streben, unbedingt Teil eines Trends zu sein. Solch eine sinnfreie Aktion,
so sein Gedanke, könnte diese Leute entlarven (vgl. SHIRKY 2003: 164 f.;
NICHOLSON 2005). Aus heutiger Sicht wird deutlich, dass er sein Ziel weit
verfehlt hat. Ausgehend von New York hat sich die Flashmob-Idee inzwischen in der ganzen Welt verbreitet und findet vor allem in Großstädten eine
immer größere Anhängerschaft.

Unter dem Motto *The International Pillow Fight Day*[13] wird seit 2008 zur
weltweiten Kissenschlacht aufgerufen. Die Betreiber der gleichnamigen
Internetseite beheimaten einen zentralen Ort für den Austausch der Gruppen,
die sich mit ihren jeweiligen Städten für den Tag X anmelden können.
2009 waren mit Köln, Hamburg, Stuttgart und Düsseldorf vier deutsche Städte vertreten, die am 4. April in einen überdimensionalen Spielplatz verwandelt wurden. Neben solchen Ausnahmeaktionen, die in ihrer Größe und
Reichweite einmalig sind, werden die skurrilsten Ideen auf die „Bühnen" der
Städte und deren Videodokumentation auf die „Bühne" des Internets ge-

---

11 Lange Zeit hielt BILL WASIK seine Identität geheim. So wird in den ersten Artikeln,
   die von dem Ereignis berichten, ausschließlich von einem ominösen Bill gesprochen.
   – Vgl. Shmueli 2003.

12 "Wasik […] would e-mail instructions to a group of people, spelling out when and
   where to converge and describing the activity they were to engage in once there"
   (SHIRKY 2008: 165).

13 http://www.pillowfightday.com/ [02.02.2010];
   http://www.youtube.com/ watch?v=2sV4Ck-PY80&feature=related [06.06.2010]

bracht. Die Teilnehmer sind häufig Studenten oder Schüler der Oberstufen-
klassen, die nicht in irgendwelchen Vereinen oder Initiativen organisiert
sind.[14]

FREEZE ist eine weitere Bezeichnung für einen Flashmob, bei dem alle
Teilnehmer in einer Bewegung einfrieren und so ein modernes *Tableau Vi-
vant* im öffentlichen Raum generieren.[15] Den Ideen sind hierbei keine Grenzen gesetzt. Wichtig ist, dass es keiner langen Vorbereitungszeit bedarf, um
teilnehmen zu können. Auf Kommando wird eine Banane hervorgeholt und
wie eine Waffe auf die anderen Teilnehmer gerichtet,[16] Menschen hüpfen
umher wie Hühner oder treffen sich zum *Zombie walk*[17]. In einem Bielefelder
Kaufhaus ließ man gemeinsam Seifenblasen durch den Raum schweben.
Einen größeren Aufwand im Vorfeld benötigen diejenigen Flashmobs, die
auf einer vor dem eigentlichen „Auftritt vor Publikum" einstudierten Choreographie basieren.[18] Nach dem Tod von MICHAEL JACKSON sind es vor
allem seine Songs, die auf den Straßen wiederbelebt werden – so geschehen
am 29.08.2009 im Schanzenviertel von Hamburg. Nachdem zunächst nur ein
Tänzer im *Moonwalk* die Straße betritt, strömen kurz darauf von allen Seiten
Menschen hinzu, um gemeinsam zu MICHAEL JACKSONs *beat it* zu performen.[19]

Bei all ihrer Diversität gibt es bestimmte Regeln, auf denen fast alle
Flashmobs basieren: Dem plötzlichen Auftauchen einer oder mehrerer Personen folgt ein bestimmtes Signal (häufig eine Trillerpfeife), das den Start
der Aktion bekannt gibt. Weitere Teilnehmer kommen hinzu, die eigentliche
Aktion wird durchgeführt, ein erneutes Signal verkündet ihr Ende und alle
Teilnehmer verstreuen sich in verschiedene Richtungen, als sei nichts gewesen (vgl. AMANN 2005: 193). Weitere Gemeinsamkeiten bestehen zumindest
in der Theorie. So kursiert im Internet ein *Flashmob-Manifest*, in dem das

---

14 Vgl. KATRIN BAUER, zitiert in (*3sat* 2009) – KATRIN BAUER arbeitet als Ethnologin
   beim Landschaftsverband Westfalen-Lippe. Sie hat in ihrer Dissertation Flashmobs als
   ein Beispiel für neue Jugendkulturen untersucht (vgl. BAUER 2009).

15 http://www.youtube.com/watch?v=oeD9Xcvn9RA [06.06.2010]

16 http://www.youtube.com/watch?v=GN2PhIfUP1c [06.06.2010]

17 http://www.youtube.com/watch?v=UpBUvadVeBQ [06.06.2010]

18 http://www.youtube.com/watch?v=zillH6JbDRE [06.06.2010]

19 Das Video wurde von *YouTube* entfernt.

Selbstverständnis der Flashmobber artikuliert wird.[20] Die auf Spanisch und
Englisch verfasste Proklamation enthält 16 Aspekte, die Regeln zum richtigen Verhalten der Flashmobber sowie Statements zu dem Wesen eines
Flashmob beinhalten. Es muss jedoch bezweifelt werden, dass dieses Manifest ein unter Flashmobbern allgemein bekanntes und anerkanntes Dokument
darstellt. Im Zuge der Recherche zu dieser Arbeit wurden weder Aussagen
von Flashmobbern gefunden, die sich explizit auf dieses Manifest berufen,
noch wurde es in einer der zahlreichen Flashmob-Communities veröffentlicht, in denen die Aktionen im Vorfeld sowie im Anschluss diskutiert werden. Dennoch enthält es wichtige Aspekte, die für einen Großteil der Flashmobs verbindlich zu sein scheinen.[21] So findet sich hier zum Beispiel ein
Verweis auf die flachen Hierarchien, die zwischen den Flashmobbern herr-
schen: "A flashmob doesn't have leaders."[22] Darüber hinaus enthält das Manifest u. a. Angaben zu der zeitlichen Dimension eines Flashmob. So steht
unter Punkt 14: "A flash-mob must not last more than 10 minutes. The gathering and the dispersion must be natural and exact."[23]

2.1 Geschichte und Begriffsbestimmung von Flashmobs

Das Phänomen *Flashmob* in wenigen Worten zu bestimmen, erweist sich als
schwierig. Anstelle einer allgemein verbindlichen Definition kursieren diverse Beschreibungen, die jeweils bestimmte Attribute hervorheben. "Self-
organized entertainment is the overlooked ubermessage of flash mobs […]",
lautet das Urteil von HOWARD RHEINGOLD in seinem Artikel „Flash Mobs:
Just An Early Form Of Self-Organized Entertainment" (RHEINGOLD 2003).
ULRIKE KNÖFEL verweist in „Die Nonsens-Meute" auf die Kurzlebigkeit der
Aktionen (KNÖFEL 2003). Sie übersetzt den Begriff Flashmob als „Blitz-

---

20 Siehe Anhang: Flashmob-Manifest.

21 Diese Einschätzung basiert auf den zahlreichen Flashmob-Videos, die im Zuge dieser
   Arbeit gesichtet wurde.

22 Siehe Anhang, Punkt 2 des Flashmob-Manifests.

23 Siehe Anhang: Flashmob-Manifest.

pöbel", dessen Ziel sich in der „ruckartigen Zusammenrottung" manifestiere.
Das kurze, flüchtige Moment der Gemeinschaft wird auch in Beschreibungen
deutlich, die Flashmobs in Relation zu „speed dating"[24] und „one night
stands"[25] setzen. Damit orientieren sich die Aussagen eng an der Zusammen-
setzung der Morpheme des Wortes Flashmob: *Flash* bedeutet Blitz und rekurriert auf die Plötzlichkeit und die Vergänglichkeit des Phänomens. *Mob*
leitet sich ab von *mobilis*, welches mit beweglich übersetzt werden kann,
aber auch für *die Meute* steht. Diese Versuche, dem Phänomen mit Schlagworten, die ausschließlich auf das Momenthafte verweisen, gerecht zu werden, greifen jedoch zu kurz. Sie beschränken sich allein auf die ephemere
Erscheinung der Aktion und übersehen die Voraussetzung für die gemeinsame Handlung. Diese nimmt CLAY SHIRKY ins Visier: "One obvious lesson is
that new technology enables new kinds of group-forming" (SHIRKY 2008:
17). Wie bereits die kurze Schilderung des ersten Flashmob gezeigt hat, waren es E-Mail-Verteiler, SMS- und Blognachrichten, die die Idee der „Kauf-
hausinvasion" gestreut haben. Auf die besondere Bedeutung der neuen Medien geht MARC AMANN in seiner Beschreibung von Flashmobs ein, wenn er
konstatiert:

> „Über eine kurze Email- oder SMS-Nachricht informiert, kommen Menschen,
> die sich größtenteils gegenseitig nicht kennen, an einem bestimmten öffent-
> lichen Ort zu einer bestimmten Zeit zusammen, erhalten weitere Instruktionen
> und führen gemeinsam eine kurze, relativ absurd anmutende Handlung aus."
> (Amann 2005: 188)

Die aktuellen Entwicklungen zeigen jedoch, dass die Kommunikationsmittel
bzw. -dienste, die zur Organisation benutzt werden, einem kontinuierlichen
Wandel unterliegen und sich nicht mehr allein auf E-Mail, SMS und Blogeinträge beschränken. Die breite Angebotsstruktur des zum „Buzzword"
verkommenen *Web 2.0* bietet diverse Möglichkeiten für die Organisation der
Gruppe und die Mobilisierung potenzieller Mitwirkender, wie der folgende
Eintrag in der englischen *Wikipedia* verdeutlicht:

> "A flash mob (or flashmob) is a large group of people who assemble suddenly
> in a public place, perform an unusual and pointless act for a brief time, then
> quickly disperse. The term flash mob is generally applied only to gatherings or-
> ganized via telecommunications, social media, or viral emails. The term is ge-

---

24 CHRISTIAN NOLD, zitiert nach: NICHOLSON (2005)

25 PETER WEIBEL, zitiert nach: KNÖFEL (2003: 161)

nerally not applied to events organized by public relations firms, protests, and publicity stunts."[26]

Im Gegensatz zu AMANNs Beschreibung zeigt sich diese Definition gegenüber technologischen Neuerungen offen, denn wer heute noch eine E-Mail geschickt hat, um Menschen zum Mitmachen zu bewegen, wird morgen vielleicht schon über das *iPad* kommunizieren. Neben den bereits genannten Merkmalen wird in der *Wikipedia*-Definition zudem auf die nicht kommerzielle Ausrichtung von Flashmobs hingewiesen, was bereits als ein Kriterium angeführt wurde, das das eingangs beschriebene Video zu „Praise you" von Flashmobs unterscheidet.

Über die Inhalte der jeweiligen Definitionen hinausgehend gibt es weitere Merkmale, die konstitutiv für das Wesen eines Flashmob sind. Die eingangs beschriebenen zwei Beispiele – die Darbietung der Tänzer im Video zu „Praise you" und die erste, mit dem Begriff *Flashmob* belegte Aktion – verweisen auf einen dieser Aspekte: *das Publikum*. Denn ein Flashmob ergibt nur dann Sinn, wenn er von anderen wahrgenommen wird. Das Publikum ist somit ein essenzieller Bestandteil jeder Aktion. Waren es im ersten Fall die Theaterbesucher, die sich um die Gruppe der Tänzer scharten, um deren Treiben näher betrachten zu können, so sind es im zweiten Beispiel zunächst die Verkäufer und später die Anwesenden in der Hotellobby, die – wenn auch ungewollt – Teil des Ereignisses werden. Es geht um die Interaktion, die Provokation einer Reaktion, die die Flashmobber unter anderem antreibt.[27] Diesen Gedanken greift HOWARD RHEINGOLD auf, wenn er die Flashmobber spezifiziert als "people […] who use the Internet and their mobile devices to self-organize urban performance art" (RHEINGOLD 2003). Obwohl diese Aussage keinen expliziten Hinweis auf den Aspekt der Interaktion enthält, so ist dieser doch präsent im Begriff der *Performance Art.* Wie noch gezeigt werden wird ist, ist der Austausch, das aufeinander bezogene Handeln dieser Kunstform implizit.

Abschließend soll auf einen weiteren Aspekt aufmerksam gemacht werden, der ein konstitutives Merkmal eines Flashmob darstellt, der jedoch bislang in seiner Bedeutung für das Phänomen übersehen wurde: die *Dokumentation* der Aktion in Form von Bildern und Videos. Mit der Digitalkamera, dem Camcorder, einer professionellen Videokamera oder auch dem Handy

---

26 *Wikipedia* „Flashmobs". http://en.wikipedia.org/wiki/Flashmobs [08.02.2010]

27 "If bystanders thought it was weird, it only served to drive the flashmobbers on" (CROUCHER 2008).

wird die Performance zunächst fotografiert oder gefilmt und dann im Internet veröffentlicht. Nur mithilfe dieser medialen Aufzeichnungen werden Flash-mobs auch für diejenigen sichtbar, die im Moment der Aktion nicht vor Ort sind.[28]

2.2   Mob = Mob?

Der eine sei clever und habe ein Ziel vor Augen, für welches es zu kämpfen lohne, der andere hingegen sei ein Taugenichts, der nur sein Bedürfnis nach Aufmerksamkeit befriedigen wolle und die Zerstreuung suche. Während sich der eine für bessere Verhältnisse einsetze, lebe der andere von der Langewei-le, er sei nicht mehr als eine La-Ola-Welle für den Straßenrand (vgl. KÜM-MEL 2003). Mit dieser Gegenüberstellung beschreibt PETER KÜMMEL zwei Arten selbstorganisierter Massen-Zusammenkünfte: den Smart- und den Flashmob. Folgt man seiner Idee, so gibt es klare Kategorien, in die der Mob je nach Motivation für die kollektive Handlung eingeordnet werden kann. Auch JUDITH NICHOLSON folgt dieser Argumentation zwei Jahre später. Den Smart Mob sieht sie politisch geprägt, der Flashmob bediene dagegen die Spaßfraktion (vgl. NICHOLSON 2005). Problematisch an dieser strikten Tren-nung ist zum einen die sehr enge Bestimmung dessen, was als politisch ge-wertet werden darf. Zum anderen wird der Begriff *Smart Mob* mit einer Wertigkeit belegt, die ursprünglich nicht existierte. Nachstehend soll aufge-zeigt werden, in welchem engen Verhältnis der Smart- und der Flashmob zu-einander stehen.

   In seinem Buch *Smart Mobs: the next social revolution* (2002) prog-nostiziert der Sozialwissenschaftler und Medientheoretiker HOWARD RHEIN-GOLD neue Möglichkeiten der Kooperation, die durch die Entwicklung und Konvergenz von Medientechnologien entstehen:

> „Smart Mobs bestehen aus Menschen, die in der Lage sind, konzertiert zu han-deln, ohne einander zu kennen. Menschen, die sich zu Smart Mobs zusammen finden, kooperieren dabei auf Weisen, die vordem unmöglich waren, weil sie Geräte bei sich haben, die sowohl kommunikationstauglich sind als auch Com-puterfähigkeiten besitzen." (RHEINGOLD 2002a: 359 f.)

---

28 Zur Funktion und Bedeutung der Flashmob-Videos siehe Kapitel 4.4.2.

RHEINGOLD vertritt ein Technikverständnis, das von der Neutralität der Technik ausgeht. Damit rückt die Handlung des Menschen in den Vordergrund. Erst seine Gebrauchsweise entscheidet über einen positiven oder negativen Effekt.

> "Smart mobs emerge when communication and computing technologies amplify human talents for cooperation. The impacts of smart mob technology already appear to be both beneficial and destructive, used by some of its earliest adopters to support democracy and by others to coordinate terrorist attacks. The technologies that are beginning to make smart mobs possible are mobile communication devices and pervasive computing – inexpensive microprocessors embedded in everyday objects and environments. Already, governments have fallen, youth subcultures have blossomed from Asia to Scandinavia, new industries have been born and older industries have launched furious counterattacks."[29]

Der Verweis auf die jugendlichen Subkulturen, die RHEINGOLD ebenfalls unter dem Begriff *Smart Mob* subsumiert, zeigt, dass auch die Aktionen, die heute als Flashmobs bezeichnet werden, in dieser Beschreibung aufgehen. Allein der Begriff *Smart Mob* enthält demnach noch keine Auskunft über seine Motivation, er verfügt über ein amorphes Wesen. Erst durch die jeweilige Motivation, die Menschen dazu veranlasst, sich in einem Netzwerk zusammenzuschließen, nimmt der Smart Mob eine bestimmte Gestalt an. Das Wort *smart* ist somit nicht gezielt an ein politisches Anliegen geknüpft, sondern verweist auf das Potenzial neuer Technologien und bezieht sich auch auf die Medienkompetenz der Menschen, die sich dieser Technologien bedienen, um neue Formen der Kooperation zu erproben.

> "[…] Smart mobs aren't a 'thing' that you can point to with one finger or describe with two words […]. Smart mobs are an unpredictable but at least partially describable emergent property that I see surfacing as more people use mobile telephones, more chips communicate with each other, more computers know where they are located, more technology becomes wearable, more people start using these new media to invent new forms of sex, commerce, entertainment, communion, and as always, conflict." (RHEINGOLD 2002b: 182)

RHEINGOLD wirft in seinem Buch einen Blick in die Zukunft und beschreibt die Entwicklung der Smart Mobs als unvorhersehbar und vielfaltig. Bestatigt wird diese Prognose ein Jahr später durch ein Ereignis, das seiner Beschreibung eines Smart Mob entspricht. Die spezielle Erscheinung der von BILL

---

29 Ausschnitt aus der Buchzusammenfassung von *Smart Mobs* auf der gleichnamigen Website: http://www.smartmobs.com/book/book_summ.html [05.02.2010]

WASIK organisierten Aktion veranlasste SEAN SAVAGE dazu, mit *Flashmob*
einen neuen Begriff einzuführen, der auf seinen Wortursprung verweist und
sich zugleich von ihm emanzipiert. Sehen KÜMMEL und NICHOLSON in den
beiden Begriffen Gegenpole, die sich durch ihren Inhalt (politisch vs. unpolitisch) voneinander abgrenzen, handelt es sich bei Flashmobs doch vielmehr
um eine begriffliche und inhaltliche Ausdifferenzierung. Während *Smart
Mob* als Oberbegriff verstanden werden kann, stellt der Flashmob eine Ver-
ästelung dar, eine spezielle Art des Smart Mob, der sich durch seinen spezifischen, skurrilen Inhalt abhebt. Diese Begriffsgeschichte wird in der aktuellen
Medienberichterstattung jedoch zumeist nicht berücksichtigt.[30] Mit der Popularität des Begriffs *Flashmob* hat sich das Spektrum seiner Referenzen aus-
gedehnt. Das Amorphe, das ursprünglich das Wesen des Smart Mob kenn-
zeichnete, spiegelt sich inzwischen auch in der Verwendung des Begriffs
Flashmob wider (vgl. SHIRKY 2008: 165).[31]

Mit dem *Carrotmob*[32] soll abschließend auf eine weitere Form des Smart
Mob hingewiesen werden, die im Jahr 2008 ins Leben gerufen wurde. Während er sich hinsichtlich seiner Organisationsstruktur mit einem Flashmob
deckt, ist der Carrotmob inhaltlich eindeutig aktivistisch geprägt. Bei Carrotmobs handelt es sich um eine neue Form von Verbraucherprotest, die sich im
Gegensatz zum Boykott nicht über eine Verweigerungshaltung definiert. An
einem bestimmten Tag, zu einer bestimmten Uhrzeit werden Menschen dazu
aufgefordert, in einem bestimmten Geschäft einzukaufen. Der Besitzer muss
sich dafür im Vorfeld bereiterklären, einen Teil der Aktionserlöse in den
klimafreundlichen Umbau seines Geschäfts zu investieren (vgl. LAURERER
2009).

---

30 „Flashmobs galten bislang als unpolitisch, jetzt richten sie sich gegen die Kanzlerin"
   (KÖNIG 2009).

31 Er bestimmt Flashmobs im Sinne von RHEINGOLDs Definition der Smart Mobs.

32 Seit 2008 gibt es die Carrotmobs. Ihr Erfinder ist BRENT SCHULKIN aus Berkeley,
   USA. – Vgl. BRENT SCHULKINs Blog, http://brentschulkin.com/ [01.06.2010]; ebenso:
   http://carrotmob.org/about/ [01.06.2010].

3 Zwischen Kunst und Populärer Kultur

Nach der Aufarbeitung der noch kurzen Geschichte des Flashmob und einer ersten Übersicht über das Phänomen soll dem amorphen Erscheinungsbild in diesem Kapitel mehr Kontur verliehen werden. Das Ziel ist es, durch eine kulturhistorische Verortung den Untersuchungsgegenstand in einen weiteren Kontext zu stellen. Damit soll veranschaulicht werden, dass sich sowohl in der Geschichte der Kunst als auch innerhalb der Populären Kultur Charakteristika finden lassen, die auch in Flashmobs zum Ausdruck kommen. Das übergeordnete Ziel innerhalb dieses Kapitels ist es, den Begriff der *Performance* mit Inhalt zu füllen, um ihn im weiteren Verlauf auf den Untersuchungsgegenstand zu übertragen.

Flashmobs gleichen Events. Die unkonventionellen Ideen begeistern eine Vielzahl von Menschen und die Teilhabe vermittelt ein Gefühl von Gemeinschaft. „Im Grunde genommen ist das Erlebnis bei einem Flashmob vergleichbar mit dem bei einem Popkonzert", diagnostiziert die Soziologin KATHRIN ROSI WÜRTZ in einem Zeitungsinterview. „Leute, die sich gar nicht kennen, treffen sich zu einem Gemeinschaftserlebnis, haben zusammen Spaß und gehen dann wieder getrennte Wege", so ihr Urteil (zit. nach MICHELS 2009). Neben diesen Bezügen zu populärkulturellen Erscheinungsformen zeigt eine Erweiterung des Untersuchungshorizontes, dass es auch in der Geschichte der Kunst Ausdrucksformen gab und gibt, die sich in wesentlichen Aspekten mit der Idee des Flashmob decken. Hier ist insbesondere die Aktionskunst zu nennen, die sich ab den 1960er-Jahren etabliert. Einer dieser Aspekte ist der enge Bezug zum urbanen Raum. Dieser bietet den Flashmobbern zum einen genügend Platz für die häufig raumgreifenden Aktionen und – noch bedeutender – er ermöglicht die Begegnung mit einer im Idealfall großen Anzahl überraschter Passanten. Denn was wäre eine solche Aktion ohne Zuschauer? Erst durch deren Reaktionen und Teilhabe, erst im Dialog zwischen Akteuren und Zuschauern konstituiert sich die Aktion und ihre individuelle Dynamik. So stellt das Moment der *Interaktion* zwischen Teilnehmern und Zuschauern einen wesentlichen Aspekt für die Flashmobber dar. Unter Interaktion wird hier in Anlehnung an den Soziologen HERBERT BLUMER ein wechselseitiges Verhalten zwischen Handelnden verstanden (vgl. ABELS 2001: 46). Darüber hinaus stellen Flashmobs einen Prozess dar, der neben der Live-Aktion auch deren Vorbereitung, für die sich die Flash-

mobber in Form eines Netzwerkes austauschen, und deren mediale Aufzeichnung beinhaltet. Foto- und Videodokumente der Live-Aktionen sind für
die Flashmobber wesentliche Elemente, denn nur durch die mediale Speicherung ist es möglich, den flüchtigen Moment zu bewahren und auch Nicht-
Beteiligten einen Eindruck von der Aktion zu vermitteln.

Mit *Fluxus*, *Happening* und *Performance Art* werden drei Zweige der Aktionskunst vorgestellt. Dabei wird kein Anspruch auf eine vollständige Darstellung erhoben, sondern ein Fokus auf die beschriebenen Merkmale gesetzt.

3.1   Aktionskunst

> „Aktionen [...] sind öffentliche, als Werk der Kunst konzipierte Handlungsab-
> läufe, in denen in der Regel der Künstler selbst der Akteur ist, was auch bedeu-
> tet: Seine Erscheinung und sein Habit, seine Körpersprache, seine Art des
> inszenierten Umgangs mit Aktionsmaterialien im Aktionsraum im Verhältnis
> zum Publikum der Aktion sowie seine Vorstellung von Rhythmus und Zeitab-
> lauf bestimmen alle Handlungselemente und den durch sie übermittelten In-
> halt." (SCHNEEDE 2007: 68)

Folgt man dieser Auffassung UWE SCHNEEDEs, sind Aktionen kein Ausdruck
einer bestimmten künstlerischen Strömung. Vielmehr subsumiert er unter
diesem Begriff alle „handlungsbestimmten Werke" (ebd.: 67). Innerhalb dieser Traditionslinie seien auch die Happenings der 1960er-Jahre sowie die
Fluxus-Events, die leicht zeitlich versetzt dazu auftreten, zu verorten. Darüber hinaus zählt er ebenso die „strukturell unterschiedlichsten Auftritte seit
der Mitte der 1970er Jahre", die mit dem Begriff *Performance Art* belegt
sind, dazu (vgl. ebd.: 67 f.). Ein derart weites Begriffsverständnis entspricht
der Intention der Künstler: Gattungsgrenzen sollen überwunden, mit künstlerischen Traditionen gebrochen und als übergeordnetes Ziel eine Neugestaltung der Beziehung von Kunst und Leben erreicht werden (vgl. FRIEDLING
2004). Um ihren subversiven Ideen Ausdruck zu verleihen, gestalten die
Künstler ihre Events spektakulär und provozierend, dem Wunsch folgend,
„dynamische[r] Sensationen" (ebd.) zu produzieren – eine Aussage, die auch
aus dem Munde eines Flashmobbers stammen könnte.

Ist die *Aktion* in der ersten Hälfte des 20. Jahrhunderts für viele Strömungen wenn auch ein wichtiges, so doch nur *ein* Element des künstlerischen

Ausdrucks, rückt sie ab 1960 in den Mittelpunkt des künstlerischen Schaf-
fens. *Happening* und *Fluxus* sind die ersten Kunstrichtungen, die in Aktionen
ihren elementaren Ausdruck finden (vgl. JAPPE 1993: 9). Sie sind es auch,
die der *Performance Art,* die in den 1970er-Jahren aus den USA nach Europa
kommt, den Weg bereiten. Diese Auffassung orientiert sich an der kunstgeschichtlichen Chronologie (vgl. bspw. SCHNEEDE 2001; JAPPE 1993). Dies
betrifft jedoch nur die historische Rahmung. Denn es soll nicht übersehen
werden, dass auch die Theaterwissenschaft die Geschichte der Aktionskünste
nachzeichnet (vgl. bspw. FISCHER-LICHTE/KREUDER/PFLUG 1998). Ange-
sichts der Tatsache, dass die Künstler eine Überschreitung von Gattungsgrenzen anstreben und die nachfolgend vorgestellten Kunstströmungen auch
unter dem Oberbegriff *Intermedia*[33] zusammengefasst werden, kann in diesem Zusammenhang auf eine strenge Abgrenzung zwischen bildender und
darstellender Kunst verzichtet werden. Im Rahmen dieser Arbeit geht es allein darum, wesentliche Aspekte hervorzuheben, die für den Untersuchungsgegenstand konstitutiv sind.

3.1.1   "Something to take place: a Happening"[34]

> *"[...] I wanted people involved rather than as spectators, I had to find*
> *a practical way to do this. So I thought of the simplest situation,*
> *the simplest images – the ones having the least complicated mechanics*
> *or implications on the surface. Written down on a sheet of paper*
> *sent in advance, these actions could be learned by anyone."*[35]

---

33 1966 prägt der Fluxus-Künstler DICK HIGGINS den Begriff für die zeitgenössischen
Strömungen in der Kunst. Seiner Meinung nach zeichnen sich viele Werke dadurch
aus, dass sie sich nicht an Grenzen der Kunstgattungen halten und z.B. Elemente aus
Malerei und Skulptur vermischen. Zudem verbinden sie Aspekte aus Musik, Literatur
und bildender Kunst. Mit der Begriffswahl *Intermedia* unterläuft er eine klare Abgrenzung zwischen hoher und niedriger Kunst, zwischen Kunst und Alltag. – Vgl.
DREHER (2001: 38); ENGELBACH (2001: 51). Zum Begriff der Intermedia und seiner
verschiedenen Bedeutungsebenen vgl. SCHRÖTER (1998) .

34 Hierbei handelt es sich um den Titel der Aktionsnotationen, die ALAN KAPROW als
Grundlage für sein Projekt *18 Happenings in 6 Parts* schriftlich fixierte (vgl. DREHER
2001: 18).

35 ALLAN KAPROW in einem verschriftlichten Interview in KIRBY (1965: 49).

1959 erreicht ein Brief mit dem Absender „Reuben-Kaprow Associates"
einige New Yorker Bürger. Mit diesem Schreiben werden sie eingeladen,
Teil einer Aktion zu werden. Sie werden dazu aufgefordert, an der Seite des
Künstlers Mr. ALLAN KAPROW ein außergewöhnliches Kunstereignis mitzu-
gestalten (vgl. KIRBY 1965: 67). "In this different art, the artist takes off from
life. [...]. Do not look for paintings, sculpture, the dance, or music. The artist
disclaims any intention to provide them. He does believe that he provides
some engaging situations", informiert der Brief.[36] Hiermit kündigt ALLAN
KAPROW die Idee zu seinem Projekt an, welches er in der Reuben Gallery in
New York unter dem Titel *18 Happenings in 6 Parts* realisiert. Das An-
schreiben, KAPROWs Konzept und die Teilnehmer, die zur erfolgreichen
Umsetzung beitragen, konstituieren die erste einer Reihe von Aktionen, die
später in Anlehnung an KAPROWs Titel verknappt als *Happening* bezeichnet
werden (vgl. ebd.). Über das singuläre Ereignis hinaus wird der Begriff *Happening* zu Beginn der 1960er-Jahre zur Bezeichnung einer Kunstströmung.

Der Prozess in der Aktionsmalerei

Im Happening verschmelzen die verschiedenen Gattungen der zeitgenössischen Kunst zu einer neuen Ausdrucksform, in deren Mittelpunkt das visuelle Ereignis steht (vgl. SCHNEEDE 2001: 201). In Abkehr von traditionellen
Richtlinien der bildenden Kunst wird das statische Kunstwerk abgelehnt,
stattdessen betonen die Mitglieder den *Prozess*, der sich im Vollzug einer
Handlung manifestiert.

Als Wegbereiter für diese Entwicklung gelten die *Actionpaintings* des aus
den USA stammendem JACKSON POLLOCK (vgl. KIRBY 1965: 18 f; JAPPE
1993: 14; SCHNEEDE 2001: 201). In seinen gegen Ende des Zweiten Welt-
krieges geschaffenen Aktionsmalereien geht es ihm nicht um das Endprodukt, viel bedeutender ist das Moment der Entstehung, das sich im körperlichen Schaffungsakt manifestiert (vgl. JAPPE 1993: 14). Der kreative Prozess, die Spur selbst, wird gegenüber dem Endresultat aufgewertet. Erkennbar ist diese durch die Farbtextur, welche die schnellen Bewegungen POL-
LOCKs reflektiert. Die Bedeutung der Prozessualität spiegelt sich auch in den
Fotografien wider, die HANS NAMUTH im Sommer 1950 von POLLOCKs Bildern *One: Number 31* und *Autumn Rhythm* anfertigt. Konträr zu anderen
Aufnahmen, die POLLOCKs Schaffen dokumentieren, entscheidet sich NA-

---

36 ALLAN KAPROW, zitiert nach: KIRBY (1965: 67)

MUTH, den Aktionsprozess wiederzugeben, indem er eine Belichtungszeit wählt, die die Bewegung durch Unschärfe hervortreten lässt (vgl. DREHER 2001: 59–61).

Mittendrin statt nur dabei

In einem Interview zu den Ursprüngen des Happening beklagt KAPROW, dass viele Menschen seine Idee missverstanden hätten. Indem sie den Begriff des Happenings mit Spontaneität und Improvisation gleichsetzten, hätten sie übersehen, dass jede Aktion auf einem genau ausgearbeiteten Konzept basiere.[37] In Abgrenzung hierzu spricht RUDOLF FRIELING dem Happening größere innere Offenheit zu:

> „Ein Happening operiert mit der Vorgabe einer Handlungsanweisung, eines Ortes und eines offenen dramaturgischen Rasters (zum Teil mit ‚Partitur‘), lässt aber den Teilnehmern, zumindest vom Konzept her, die Freiheit, in welchem Maße sie sich beteiligen." (FRIELING 1997: 156)

Über den Aspekt des Konzeptes hinaus verweist FRIELING mit dieser Aussage auch auf die Beziehung zwischen Künstlern und Publikum, die für die Idee des Happenings von zentraler Bedeutung ist. Ob durch die Aufforderung zur Partizipation oder durch den Austausch zwischen Künstlern und Zuschauern – im Happening soll sich das Publikum seiner passiven Rollen entledigen und aktiv werden. Der Teilnehmer wird zum Mit-Produzenten gemacht, zum Mit-Schöpfer nicht allein von Kunst, sondern von Prozessen, die in das Leben einwirken und somit Kunst und Leben verzahnen (vgl. FRIELING 2004).

> „Jeder, der einem Happening begegnet, spielt mit. Es gibt kein Publikum mehr, keinen Schauspieler, keine Exhibitionisten, keine Zuschauer, jeder kann sein Verhalten nach Belieben wechseln. Jedem einzelnen sind seine Grenzen und seine Verwandlungen überantwortet. Niemand wird mehr zum Nichts reduziert wie beim Theater. Es gibt keine ‚Funktion des Zuschauers‘ mehr, auch keine wilden Tiere hinter Gittern wie im Zoo. Keine Bühne, keine Dichterworte, keinen Beifall."[38]

Neben KAPROW sind es in Europa unter anderem der Franzose JEAN-JAC-QUES LEBEL, der in Deutschland lebende Südkoreaner NAM JUNE PAIK und der deutsche WOLF VOSTELL, die den passiven Betrachter in einen aktiven Teilnehmer verwandeln wollen (vgl. JAPPE 1993: 17 f.). Für den Perfor-

---

37 ALLAN KAPROW, zitiert nach: KIRBY (1965: 47)

38 JEAN-JAQUES LEBEL, zitiert nach: OHFF (1973: 94)

mancetheoretiker und Künstler MICHAEL KIRBY impliziert diese Haltung einen Bruch mit den Konventionen des Theaters (vgl. KIRBY 1965: 14 ff.).[39] Einen weiteren Unterschied im Vergleich zu traditionellen Ausdrucksformen sieht KIRBY im Aspekt der Darstellung. Während der Theaterschauspieler in eine Rolle schlüpfe und im wörtlichen Sinne etwas darstelle (vgl. ebd.: 16),[40] gehe es im Happening ausschließlich um die Ausführung einer Handlungsanweisung. "Only the execution of a generally simple and undemanding act" (ebd.: 17) werde von den Teilnehmern eines Happenings verlangt, so KIRBY. Die Teilnehmer seien aufgefordert, so authentisch wie möglich zu sein – unprofessionelles Agieren sei nicht nur erwünscht, sondern ein konstitutives Merkmal der Aktionen (vgl. ebd.: 41).

Die räumliche Expansion

Wie bereits in der Geschichte des Happenings angelegt, sind die Aktionen zudem durch einen dynamischen, prozesshaften Charakter geprägt. Typisch für das Happening ist die „provozierende, oft chaotische Großaktion, die das Publikum nicht nur zum Mitdenken und Mitfühlen anregte, sondern es manchmal geradezu in große psychische und seelische Bedrängnis brachte" (JAPPE 1993: 17). Möglich wird dies vor allem durch die räumliche Expansion Mitte der 1960er-Jahre. Der Innenraum wird verlassen und die Straße als „Bühne" eingenommen.[41] Ziel ist es, die Grenze zwischen Kunst und Leben zu verwischen (vgl. Schneede 2001: 201 f.). Nach SÖKE DINKLA reagieren die Künstler damit „auf eine größer werdende Kluft zwischen Massenpublikum und Kunstpublikum" (DINKLA 1997: 25) und auch die rigide

---

39 Die Idee, die hierarchische Beziehung zwischen Akteur und Betrachter aufzubrechen, findet sich darüber hinaus z.B. auch in dem Konzept des *Theater der Grausamkeiten*, das ANTONIN ARTAUD 1959 veröffentlichte. Sein Vorschlag sah vor, das Publikum innerhalb des Spektakels zu platzieren (vgl. KIRBY 1965: 35).

40 Er spricht an dieser Stelle von „acting". Als „acting" bezeichnet er die Herstellung und die Operation innerhalb einer festgelegten Struktur, die durch die Institution des Theaters etabliert würde. "In traditional theatre, the performer always functions within (and creates) a matrix of time, place and character." In diesem Sinne charakterisiert er die Handlungen, die innerhalb eines Happenings stattfinden, als „*nonmatrixed performing*" [Hervorh. durch den Autor].

41 WOLF VOSTELL hat als einer der ersten Happening-Mitglieder die Straße und generell den Außenraum für sich als Spielstätte entdeckt. Vom 06. Juni bis 15. August 2010 zeigte das Museum Mörsbroich eine Ausstellung mit dem Titel „Das Theater ist auf der Straße. Die Happenings von Wolf Vostell."

Trennung von ernster und unterhaltender Kunst wird durch eine „simultane Vielheit" (DREHER 2001: 56) ersetzt.

Die räumliche Expansion birgt darüber hinaus weitere Vorteile, die der von den Künstlern intendierten Wirkung der Aktion zuträglich sind. Fernab von einem institutionellen Rahmen fällt es leichter, Irritation und Verwirrung auszulösen. Unter Bezug auf den Kunstkritiker ARTHUR C. DANTO merkt THOMAS DREHER an, dass es erst der Kontext sei, der eine bestimmte Interpretation evoziere und damit einen materiellen Gegenstand in ein Kunstwerk verwandle (vgl. ebd.: 45). Folgt man dieser Argumentation, wird ein Happening im öffentlichen Raum nicht automatisch als Kunst bewertet, da es nicht in einer als „Kunstkontext decodierbaren Umgebung stattfindet" (ebd.: 129). Stattdessen führt sein Erscheinen zu einem Bruch mit den Wahrnehmungsgewohnheiten des Alltags.[42]

Ende der 1960er-Jahre ist die große Zeit des Happenings vorbei. Auch wenn es nie in einem direkten Zusammenhang mit politischen Aktivitäten stand, so hat es doch als „Sproß einer Anti-Kunst" (OHFF 1973: 97) anarchistische Aktionen beeinflusst. „Ereignisse sind Waffen zur Politisierung der Kunst", so WOLF VOSTELL (zit. nach ebd.). In diesem Sinne bezeichnet JEAN-JACQUES LEBEL die Pariser Studentenrevolte von 1968 als wichtigstes Happening seines Lebens (vgl. ebd.). Dieser Einschätzung folgend erklärt HEINZ OHFF, dass das Ende des Happenings mit dem Scheitern der Revolte in Verbindung gebracht werden könne. Im Anschluss daran sei die Straße als Ort der Rebellion aufgegeben worden. Die Jugend habe ihre Energie durch den Eintritt in Organisationen und Parteien kanalisiert. Dem Happening, das gegen die Vernunft antrat, sei damit der Boden entzogen worden. „[…] Das Happening stirbt, als tagespolitische Kräfte die Überhand gewinnen" (ebd.).

---

42 Sinnbildlich für diesen Bruch ist eine Aktion, die 1968 von PETER WEIBEL und VALIE EXPORT in der Münchener Innenstadt durchgeführt wurde. Im Mittelpunkt der Aktion *Tapp- und Tastkino* steht VALIE EXPORT, die ihren Körper „zum Greifen nah" anbietet. Vor ihrem Brustkorb ist ein Kasten geschnallt, durch den Passanten hindurch fassen können/sollen, um ihre Brüste zu befühlen. Interaktivität habe hier als direkte, sinnliche, taktile Erfahrung spürbar gemacht werden sollen, erklärt INKE ARNS. „Gleichzeitig wird die Grenze von öffentlichem Raum und Privatsphäre radikal in Frage gestellt" (ARNS 2004).

3.1.2   Fluxus: Ein soziales Netzwerk

Etwa zeitgleich mit dem Aufkommen des Happenings gewinnt ein weiteres Schlagwort für künstlerische Ausdrucksformen an Popularität: *Fluxus*. Ursprünglich als Titel für eine Kunstzeitschrift gedacht, etabliert sich der Begriff in den kommenden Jahren zu einem Label, unter dem Publikationen erscheinen und Konzerte und Festivals stattfinden. Ausgehend von den USA breitet sich Fluxus auch in Europa aus. So wird Köln ein zentraler Schauplatz für Arbeiten von WOLF VOSTELL und NAM JUNE PAIK. Bald darauf finden auch in Japan erste Fluxus-Events statt (vgl. KNAPSTEIN 2002: 86).

"Fluxus is a creature of the fluid moment" (FRIEDMAN 1999b: 243), so KEN FRIEDMAN, Fluxus-Mitglied aus Kalifornien. Mit dieser Beschreibung wird deutlich, dass wie schon für das Happening auch für Fluxus der Aspekt des Ereignishaften und damit das Moment der Ephemeralität wesentlich ist (vgl. JAPPE 1993: 19). Häufig werden daher die Begriffe Fluxus und Happening synonym verwendet (vgl. ebd.). Eine klare Abgrenzung ist auch deshalb schwierig, da eine verbindliche Definition von Fluxus fehlt. ELISABETH JAPPE unternimmt den Versuch einer Bestimmung über einen Vergleich. Während sich das Happening über eine Partizipation der Teilnehmer auszeichne, bliebe die Fluxus-Aktion in der Hand des Künstlers (vgl. ebd.). Der Austausch zwischen Künstler und Publikum bleibt dennoch wesentlich. FRIEDMAN spricht in diesem Zusammenhang von einem Dialog zwischen den beiden Parteien, der ein wesentliches Merkmal der Fluxus-Idee darstelle.[43] Für ihn sind es nicht die einzelnen Aktionen, die im Mittelpunkt einer Betrachtung von Fluxus stehen sollten. Was Fluxus auszeichne, sei eine bestimmte Ideologie, von der die Aktionen geprägt sind.

> "Fluxus is [...] the name of a way of doing things. It is an active philosophy of experience that only sometimes takes the form of art. It stretches across the arts and even across the areas between them. Fluxus is a way of viewing society and life, a way of creating social action and life activity." (Friedman 1999a: ix)

Die Aktionen, die auf dieser Geisteshaltung basieren, bestehen häufig aus der Inszenierung alltäglicher akustischer und visueller Ereignisse (vgl. KNAP-

---

43 Darüber hinaus nennt FRIEDMAN weitere Aspekte, die das Wesen von Fluxus ausmachen: "The Twelve Fluxus Ideas are: 1. Globalisation, 2. Unity of art and life, 3. Intermedia, 4. Experimentalism, 5. Chance, 6. Playfulness, 7. Simplicity, 8. Dialogue, 9. Exemplativism, 10. Specificity, 11. Presence in time, 12. Musicality" (FRIEDMAN 1999b: 244).

STEIN 2002: 89). Als 1962 das erste Fluxus-Festival in Wiesbaden stattfindet, wird eine „Oper" aufgeführt, die aus einem einzigen Geräusch besteht: dem Klopfen auf eine Bratpfanne (vgl. OHFF 1973: 84). Wenn das Publikum auf diese Handlungen mit Empörung reagiert, ist das im Sinne des Erfinders. „Fluxus wollte die kleine, auf Alltagshandlungen beruhende Form, um provozierend das Bewusstsein für die Ästhetik des Alltags zu schärfen" (SCHNEEDE 2001: 207 f.) (vgl. Kapitel 4.3.1).

Ein wesentlicher Bestandteil aller Aktionen ist das Experimentieren, wobei traditionelle Vorgaben von Seiten der Kunst konsequent unterwandert werden. Das Medium Musik spielt dabei eine zentrale Rolle. „Musik ist für viele Fluxus-Mitglieder das Ausgangsmedium, dessen Grenzen erweitert und aufgebrochen werden" (DREHER 2001: 119). Eine Leitfigur in diesem Zusammenhang ist der Musiker JOHN CAGE. An der *New School for Social Research* unterrichtet er Anfang der 1960er-Jahre Komposition. Die späteren Fluxus-Mitglieder GEORGE BRECHT, DICK HIGGINS und AL HANSEN lernen sich in seinem Unterricht kennen und tauschen sich fortan untereinander aus (vgl. SMITH 1999: 5). Die Idee des sozialen Netzwerks erweist sich als zentraler Aspekt für Fluxus. In diesem Sinne bestimmt GEORGE BRECHT Fluxus als Gruppe, die aus einem Verbund von Gleichgesinnten besteht, anstatt von einer Kunstströmung zu sprechen (vgl. FRIEDMAN 1999b: 253). Auch OWEN SMITH folgt dieser Einschätzung. Der Kern von Fluxus sei die Idee von Gemeinschaft und Austausch mit dem Ziel, transformative Prozesse anzuregen (vgl. ebd.: 20). Folgt man dieser Auffassung, dann wird evident, dass es keine abschließende Geschichtsschreibung von Fluxus geben kann. Im Jahr 1998 konstatiert FRIEDMAN: "The Fluxus dialogue has taken on a life of its own" (ebd.).

Was blieb?

> „Werke *sind Zeichen, die als Monumente ihres Sinns für sich selbst stehen, ohne dabei auf ein anderes zu verweisen. Unverwechselbar ist ihnen Gestalt und Dauer eingeschrieben: Dagegen setzt sich das* Ereignis *als einmalige und unwiederholbare Präsenz, die im nächsten Moment schon wieder verloschen ist* [Hervorhebung durch J.J.]." (MERSCH 2000a: 100)

Die ephemeren Aktionen von Happening und Fluxus sind subversiv. Sie richten sich gegen den Warencharakter der Kunst und stellen dem statischen Kunstwerk ein flüchtiges Ereignis entgegen (vgl. SCHNEEDE 2001: 209). Es gibt kein Endprodukt, das bewundert werden kann, vielmehr steht der Pro-

zess, der sich in Form einer Handlung ausdrückt, im Vordergrund. Aus dieser
Grundhaltung heraus erklärt sich, warum die Mitglieder von Happening und
Fluxus einer medialen Dokumentation ihrer Arbeiten kritisch gegenüber-
stehen. Film und Video werden abgelehnt mit der Begründung, sie könnten
der Raum- und Zeiterfahrung nicht gerecht werden, durch die sich das *Live-
Erlebnis* auszeichne (vgl. JAPPE 1993: 21). Eine derart ablehnende Haltung
gegenüber den Optionen der Reproduktion ihrer Arbeit ist konsequent. Für
viele bedeutet dies im Umkehrschluss jedoch Armut und gesellschaftliche
Isolierung (vgl. ebd.). So sind es vor allem wirtschaftliche Gründe, die dazu
führen, dass zumindest die Fotografie als dokumentierendes Instrument genutzt wird. Die Fotos können an Sammler verkauft, und/oder Museen zu
Ausstellungszwecken zur Verfügung gestellt werden (vgl. ebd.: 19). Im Gegensatz zu Video und Film wird der Fotografie ein höherer Grad an Authentizität zugesprochen. Der Pionier des Happenings, ALLAN KAPROW, sieht in
ihr den Vorteil, dass sie die verwirrenden Geschehnisse während der Aktion
nachträglich klären könne.[44] Diese Einstellung KAPROWs zeigt aber auch,
dass die mediale Aufzeichnung nicht als Teil des Aktionsprozesses betrachtet
wird und somit der Idee der Aktion nicht a priori eingeschrieben ist. Dies
ändert sich Anfang der 1970er-Jahre, als die Videokamera zum elementaren
Bestandteil der *Performance Art* wird.

3.1.3   Performance Art: Aktion und Reproduktion

Als weiterer Zweig der Aktionskunst bildet sich die Performance Art Mitte
der 1970er-Jahre als Kondensat aus Happening und Fluxus heraus. Auch hier
steht der Vollzug einer Handlung im Mittelpunkt des künstlerischen Schaf-
fens. Der aus den USA stammende Begriff wird in Europa zunächst ausschließlich für die Aktionen der bildenden Künstler gebraucht (vgl. JAPPE
1993: 9). Eine derart rigide Anwendung läuft dieser Kunstform jedoch zuwi-
der. CHRISTIAN JANCKE weist darauf hin, dass sich die Performance Art zwar
historisch, räumlich-kontextuell sowie mit Blick auf die Biografien der Aus-
übenden stärker der bildenden Kunst als dem Theater verschrieben habe,
jedoch sei ein Diskurs um diese Kunstform auch immer von Überlappungen
geprägt:

---

44 ALLAN KAPROW, zitiert nach: ENGELBACH (2001: 74)

„So ergeben sich Grenzverwischungen allein schon deshalb, weil Performance Art eine von Anfang an inhärente, zunehmend aber verstärkte Affinität zu Bereichen entwickelt, die nicht länger allein der Bildenden Kunst und in Folge der damit befassten Kunstgeschichte zuzuordnen sind." (JANECKE 2004: 19)

Damit macht JANECKE auf die Überschreitung von Gattungsgrenzen aufmerksam. Wie schon für das Happening und Fluxus ist sie auch für die Aktionen der Performance Art elementar. Dieser *Entgrenzungsprozess* beinhaltet auch interaktive Elemente zwischen Akteur und Publikum. Ein Dialog mit ihm ist wesentlich und konstituiert die Aktion – wenn auch keine aktive Beteiligung der Zuschauer erwünscht ist. Stattdessen soll das Publikum emotional involviert werden (vgl. JAPPE 1993: 23). Eine Performance funktioniert nur dann, „wenn sich der Betrachter weitgehend identifiziert. [...] Es geht nicht um Schönheit oder das Erkennen von Ästhetik, sondern um die anthropologische Seite [...]" (ebd.: 39). So stellen die Performances der 1970er-Jahre häufig eine Belastungsprobe dar – für den Zuschauer, aber auch für den Akteur selbst. Dieser stellt seinen Körper in den Mittelpunkt der Aktion, er malträtiert ihn, testet die Grenzen seiner Belastbarkeit und behandelt ihn wie Material (vgl. DREHER 2001: 299–321).[45] SYBILLE KRÄMER, Professorin für Philosophie an der FU in Berlin, stellt in diesem Zusammenhang die These auf, dass die Aktionen der Performance Art den Zuschauer zum Zeugen werden lassen. Die Figur des Zeugen enthalte eine Dialektik aus reiner Beobachtung und dem Gefühl der Verantwortlichkeit. In diesem Sinne bedeute eine emotionale Beteiligung auch eine ständige Anspannung für den Zuschauer, der sich als Verantwortlicher die Frage stellen müsse, ob ein Eingreifen nötig sei.[46]

Performance als Bild

Parallel zur inhaltlichen Fixierung auf den eigenen Körper findet strukturell ein Öffnungsprozess statt: Die Videokamera kommt auf den Markt und wird schnell zu einem integralen Bestandteil der Performances (vgl. ENGELBACH

---

45 Ein drastisches Beispiel hierfür sind die Performances der französischen Künstlerin ORLAN, die ihr Gesicht nach Vorbildern der Kunstgeschichte operieren lässt. Vgl. http://www.orlan.net/operationrobe.php [01.04.2010].

46 SYBILLE KRÄMER ist Mitarbeiterin im Sonderforschungsbereich *Kulturen des Performativen* an der FU Berlin. Im Rahmen der Performance-Art-Konferenz von 2005, die durch das europäische Performance-Institut ausgerichtet wurde, hielt sie den Vortrag „Performance und Zeugenschaft" in welchem sie die oben genannte These etablierte. Vgl. http://www.formatlabor.net/blog/?p=162 [05.07.2010].

2001: 15). Waren die Aktionskünste Fluxus und Happening sehr stark von Männern dominiert, sind es Anfang der 1970er zunächst vor allem Frauen, die das neue Medium für sich entdecken.[47] Dafür binden sie die Videokamera entweder direkt in das Geschehen mit ein oder verwenden sie zur Aufzeichnung der Aktionen (vgl. DINKLA 1997: 178 f.).[48]

Während die Mitglieder von Fluxus und Happening die Erinnerung an die Live-Aktion als wichtigste Form der Speicherung der Aktion ansahen, wird diese Haltung in der Performance Art aufgegeben. Mit dem Ziel, ein größeres Publikum erreichen zu können, werden neben der Videokamera auch Film und Fotografie für die Dokumentation der Aktionen genutzt (vgl. ENGEL-BACH 2001: 51 ff.). Für einige Kritiker ist die Reproduktion der Aktionen mit einem Verlust von Aura und Authentizität verbunden. Sowohl DIETER MERSCH als auch PEGGY PHELAN vertreten die Auffassung, dass eine Kunstform, die sich durch ihre Ereignishaftigkeit auszeichne und damit auf Flüchtigkeit und Singularität beruhe, durch ihre mediale Reproduktion unterminiert werde (vgl. MERSCH 2000a; PHELAN 1993: 146–166) (vgl. Kapitel 4.4.1). Diese Einschätzung übersieht jedoch, dass die mediale Aufzeichnung bereits in den Konzepten der Aktionen mitgedacht und somit prozessimmanent ist:

> „Die Aktionen können nicht getrennt von der medialen Vermittlung betrachtet werden. Mehr noch, Aktion und technische Reproduktion dürfen nicht als unvereinbare Gegensätze konfrontiert werden, denn sie bedingen sich gegenseitig." (ENGELBACH 2001: 15)

Diese Einschätzung bestätigt auch PHILIP URSPRUNG, wenn er schreibt: „Das künstlerische Medium Performance ist untrennbar mit den Medien der technischen Reproduktion verknüpft" (URSPRUNG 2004: 317). Der prozessuale Akt der Performance besteht demnach nicht allein aus dem visuellen Live-Ereignis und dessen Planung im Vorfeld – vielmehr gehört zum Prozess der Aktion auch deren Speicherung durch ein elektronisches Medium. Dies bedeutet für viele Künstler nicht zuletzt auch eine finanzielle Absicherung,

---

47 In den USA sind es JOAN JONAS, CAROLEE SCHNEEMANN und CHARLOTTE MOORMAN, in Europa VALIE EXPORT und ULRIKE ROSENBACH, die als Pionierinnen die Videokamera in ihre Arbeiten integrieren (vgl. JAPPE 1993: 32).

48 Im ersten Fall spricht man von Videokunst. Für einen Überblick über ihre Geschichte vgl. FRIELING/HERZOGENRATH (2006). Für die Fragestellung dieser Arbeit wird sie im weiteren Verlauf keine Rolle spielen.

denn so können die Videoaufzeichnungen als „mediatisierte Performance"[49] wiederholt gezeigt werden. Zudem erscheinen Anfang der 1970er-Jahre einige neue Kunstzeitschriften, die den Künstlern die Möglichkeiten geben, mithilfe der fotografischen Dokumentation ihre Aktionen einem größeren Publikum zugänglich zu machen (vgl. ENGELBACH 2001: 73).[50] Hier wird deutlich, dass die Reproduktion der Aktion eine *Bilderwanderung* in Gang setzt, wodurch eine Kontextveränderung stattfindet. Im Fall der Kunstzeitschriften bedeutet dies, dass das visuelle Ereignis als Fotodokument in ein Netz aus Text und weiteren Abbildungen verwoben wird und somit eine andere Bedeutung erhält (vgl. REGENER 2006a: 128). Der Aspekt der Bilderwanderung verdeutlicht, dass die mediale Dokumentation in einer anderen Umgebung wahrgenommen und ihr somit ein anderer Sinn zugeschrieben wird. Anstatt von einem Verlust der Aura zu sprechen, kann die Speicherung daher möglicherweise eher als Transformation der Live-Aktion angesehen werden.

Kollektive Kreativität

Der Öffnungsprozess, der sich in den Anfangsjahren der Performance Art auch in der Verwendung neuer Medien zeigt, setzt sich in den 1980er-Jahren ungebremst fort. Gespeist werden die Erweiterungs-Tendenzen[51] von dem verstärkten Wunsch nach Kommunikation. Daraus resultiert zunächst eine räumliche Veränderung: Nachdem die Künstler in den 1970er-Jahren primär im Innenraum vor einem Kunstpublikum performten, gehen sie in den 1980er-Jahren wieder auf die Straße, um hier auf ein unvorbereitetes Laien-Publikum zu treffen und so spontane Reaktionen zu evozieren (vgl. JAPPE 1993: 39–41). Das Bedürfnis nach direktem Austausch bezieht sich jedoch nicht ausschließlich auf das Verhältnis Zuschauer – Künstler. Die Bildung von Künstler-Kollektiven scheint zudem eine attraktive Option zu sein, um dem gesteigerten Kommunikationsbedarf Rechnung zu tragen (vgl. ebd.: 43 bis 47). Die „ideellen, existentiellen und geistigen Gemeinsamkeiten"

---

49 Die Begriffe der mediatisierten- und der Live-Performance stammen von ERIKA FISCHER-LICHTE. In ihrem gleichnamigen Aufsatz geht sie auf das Verhältnis der beiden performativen Darstellungsformen ein (vgl. FISCHER-LICHTE 2000a).

50 Sie nennt hier die Zeitschriften *Flash Art, Interfunktionen, Avalanche,* und *Artitues International.*

51 Bezüglich der Performances, die in den 1980er-Jahren stattfinden, spricht ELISABETH JAPPE von *Expanded Performance* (vgl. JAPPE 1993: 40).

(LANGE 2006: 42) auslotend, bilden sie soziale Netzwerke, in denen sie sich unterstützen und austauschen. In seinem Aufsatz „Die Sozialität der Solitären" arbeitet HANS PETER THURN die Geschichte der Gruppen und Netzwerke in der bildenden Kunst auf (vgl. THURN 1991). Von den Nazarenern ausgehend bis hin zu zeitgenössischen Kunstepochen verweist er auf den Drang der Künstler, die „Mängel des Solitarismus" zumindest zeitweise „mit Hilfe kollegialer Sozialität auffangen" zu können (ebd.: 103).[52] Ob Gruppenbildung oder temporäre Zusammenarbeit – die Idee des Austauschs und der Gemeinschaft scheint für viele Künstler gewinnbringend. Das Zentrum bildet zumeist ein kleiner Kreis von Künstlern, um den sich im Laufe der Zeit ein weitgespanntes Netzwerk entfaltet (vgl. JAPPE 1993: 44).

The time is now

Die Zusammenarbeit in Netzwerken ist gleichbedeutend mit einer Pluralität von Talenten, Ideen und Wissen, wodurch es möglich wird, innovative Ideen schneller umzusetzen. Die Idee des Austauschs und die Suche nach immer neuen Ausdruckmöglichkeiten wird sodann in den 1990er-Jahren durch eine wesentliche Neuerung noch weiter vorangetrieben: Mit der Entwicklung des Internets öffnet sich ein weiterer Raum, der für die Performances genutzt werden kann (vgl. GLESNER 2005).[53]

Mit der immer größeren Bandbreite an Ausdrucksformen wächst auch das Spektrum von Aktionen, die unter dem Begriff *Performance Art* subsumiert werden können. War dieser zu Beginn noch eng an die Entwicklungsgeschichte der bildenden Künste geknüpft, so zeigt sich seit den 1990er-Jahren,

---

52 Ein Beispiel ist die 1978 gegründete Gruppe *Minus Delta t,* die mit einem LKW verschieden Länder bereiste und auf Zwischenstopps ihre Performances aufführte. Die mediale Dokumentation war ein zentraler Bestandteil ihrer Aktionen, denn nur so war ein Dialog mit den Menschen möglich, die im Moment der Live-Aktion nicht vor Ort waren. – Vgl. ARNS (2004).

53 In ihrer Dissertationsschrift beschreibt GLESNER das Phänomen der Internet-Performance. Das Internet kann hierbei sowohl Ort der Aktion sein als auch Schnittstelle zwischen den räumlich verteilten Teilnehmern bzw. zwischen Teilnehmern und Künstlern. Dabei erfolgt die Produktion und Rezeption simultan, so dass viele der Aktionen über interaktive Elemente verfügen. Ein aktuelles Beispiel, das unter diesem Titel subsumiert werden kann, sind die Aktionen des Performance-Duos EVA und FRANCO MATTES. Sie lassen ihre *Synthetic Performances* in *Second Life* stattfinden – einer virtuellen Welt, durch die man sich mithilfe seines Avatars bewegen kann. – Vgl. http://www.0100101110101101.org/home/performances/index.html [01.04.2010].

dass *Performance Art* zu einem umfassenden Begriff geworden ist „für alle Formen von Kunst, in denen der Schwerpunkt auf der Handlung liegt" (JAPPE 1993: 9). Im Gebrauch des Begriffs manifestiert sich auch ein verändertes Geschichtsbewusstsein – eines, das nicht mehr Progression unterstellt, sondern auf die Gleichzeitigkeit einer Vielfalt an künstlerischen Ausdrucksformen verweist, so ANGELIKA NOLLERT im Katalog zur Ausstellung „Kollektive Kreativität" (NOLLERT 2005: 20).[54]

Auch Flashmobs können als eine dieser künstlerischen Ausdrucksformen gewertet werden. Wie von KIRBY für das Happening als charakteristisch herausgestellt, wird von den Akteuren nur eine einfache Handlung verlangt. Dabei sollen sie keine Rollen spielen, sondern möglichst authentisch bleiben. Für die Fluxus-Events präzisiert MACIANUS diese Haltung. Die Handlungen sollten seiner Auffassung nach „einfach, amüsant, nicht prätentiös sein, bedeutungslos, keinerlei Fertigkeit oder zahllose Proben verlangen, keinen Sachwert oder institutionellen Wert haben."[55] Streicht man den Aspekt der Bedeutungslosigkeit – denn jede Handlung ist mit einem Sinn aufgeladen –, basieren auch die Aktionen der Flashmobber auf diesem Grundsatz: Einfach soll die Handlung sein, von jedem schnell erlern- und durchführbar. Für die Flashmobs spielt zusätzlich die Anzahl der Teilnehmer und die Art und Weise des Handlungsvollzugs eine wesentliche Rolle. Denn anders als die Aktionskünste ist ein Großteil der Flashmobs durch einen (zumindest) zeitlich synchronen Handlungsvollzug der Teilnehmer geprägt. Unabhängig, ob es sich dabei um einen Tanz oder eine Abfolge verschiedener Gesten und/oder Bewegungen handelt, veranlasst ein bestimmtes Kommando die Flashmobber, die Aktion gleichzeitig zu beginnen und auch gleichzeitig zu beenden.

Für alle Aktionsformen, inklusive Flashmobs, ist das visuelle, ephemere Ereignis im öffentlichen Raum das präferierte Ausdrucksmittel. Dieser Moment ist einmalig, konstituiert er sich doch nicht ausschließlich durch die Handlung der ausführenden Akteure, sondern erst im Dialog mit dem Publikum (oder durch deren aktive Partizipation im Happening). Erst aus diesem Wechselspiel der beiden Parteien ergibt sich der spezifische Charakter der jeweiligen Aktion (vgl. Kapitel 4.3.1). Ein wesentlicher Unterschied zwischen Happening und Fluxus auf der einen, Performance Art und Flashmobs

---

54 Die Ausstellung „Kollektive Kreativität" fand vom 1. Mai bis 17. Juli 2005 in Kassel statt. Sie zeigte mehr als 40 internationale künstlerische Positionen, die sich der Idee der Kollektiven Kreativität widmen.

55 MACIANUS zitiert nach: SCHNEEDE (2001: 208)

auf der anderen Seite, ist die Haltung gegenüber der medialen Aufzeichnung der Aktion. Alle vier Aktionen zeichnen sich durch ihre Prozesshaftigkeit aus, die die Loslösung vom statischen Werk und die Fokussierung auf den Vollzug einer Handlung, sowie deren Vorbereitung charakterisiert werden kann. Performance Art und Flashmobs, als Prozess begriffen, umfassen zusätzlich die mediale Speicherung der Live-Aktion. Die Aufhebung der Differenz von Kunst und Leben ist wiederum allen vier Ausdrucksformen immanent. Die Straße ist das Medium, das ihre Botschaften am besten transportiert und eine Annäherung zwischen *high culture* und *low culture* ermöglicht. So zeichnen sich die Aktionen allgemein durch ein Verständnis von Kunst aus, das dem Elitarismus abschwört – oder um es mit den Worten von JOHN CAGE auf den Punkt zu bringen: "If you celebrate it, it's art, if you don't, it isn't" (zit. nach MERSCH 2000b: 135).

3.2   Populäre Kultur

> *„Trend ist auch ein Argument, weil meine Schwester kennt sie schon,*
> *doch irgendwann sind sie dran und dann kennt sie keiner mehr.*
> *Gestern niemand, morgen tot und dazwischen – was...? Populär!"*[56]

In einem Blick zurück wurde die noch junge Geschichte der Flashmobs um eine historische Dimension erweitert. Es sollte deutlich geworden sein, dass sich bereits in den 1960er-Jahren künstlerische Ausdrucksformen etablierten, die in wesentlichen Parametern mit den aktuellen Flashmob-Aktionen übereinstimmen (wenn auch von den Teilnehmern nicht bewusst intendiert). Nach einer historisch-chronologischen Kontextualisierung im vorangegangenen Kapitel wird der Untersuchungsgegenstand im Folgenden innerhalb der Populären Kultur verortet.

Flashmobs gelten als neuer Trend. Was als einmalige Aktion geplant war, hat sich zum Selbstläufer entwickelt. Rund um den Globus finden sich immer mehr Anhänger, die ein Teil der Flashmob-Bewegung sein möchten: Flashmobs sind ein Ausdruck unserer *Populären Kultur*. Um diese These zu

---

56 Zitat aus „Populär", einem Song der *Fantastischen Vier*, der 1995 auf ihrem Album *Lauschgift* erschien

untermauern, soll zunächst geklärt werden, was unter Populärer Kultur zu verstehen ist.

Der Begriff des *Populären* wird inflationär gebraucht. So wird er im allgemeinen Sprachgebrauch generell für kulturelle Erzeugnisse verwendet, die besonders beliebt sind. Dabei wird häufig übersehen, dass Populäre Kultur seit 40 Jahren einen eigenen Forschungsgegenstand darstellt. Eine eindeutige wissenschaftlich-fundierte Definition ist dennoch nicht möglich, da keine allgemein anerkannte Theorie der Populären Kultur existiert (vgl. HÜGEL 2003: 1). Neben den Cultural Studies, die die Populäre Kultur in das Zentrum ihrer wissenschaftlichen Untersuchungen stellen, sind es in Deutschland neben der Medien- und Literaturwissenschaft auch die Soziologie und Ethnographie, die Psychologie und die Publizistik, die das Populäre unter den Vorzeichen ihrer jeweiligen Fachrichtungen analysieren. HANS-OTTO HÜGEL gibt in dem *Handbuch Populäre Kultur* einen Überblick über die verschiedenen Ansätze und stellt heraus, dass ein Common Sense in der Forschung nur insofern besteht, als dass Populäre Kultur mit Vergnügen gleichzusetzen ist: „Populäre Kultur macht Spaß" (ebd.). Worin dieser Spaß besteht, wie er hergestellt wird, welche kulturelle Bedeutung er hat und bei welcher Gelegenheit der Spaß zustande kommt, darüber gibt die Forschung keine gesicherten Auskünfte (vgl. ebd.).

Ein weiterer Konsens besteht darin, dass eine dichotomische Auffassung, die die Hoch- und die Populäre Kultur hierarchisch voneinander abgrenzt, als obsolet gilt. Wie eng das Verhältnis jedoch ist, darüber sind sich die Wissenschaftler uneins. Während Vertreter der Postmoderne von einer völligen Durchmischung der kulturellen Ausdrucksformen ausgehen, widerspricht Hügel dieser These einer Einheit (vgl. ebd.: 11). Er verwehrt sich gegen eine Gleichsetzung von Populärer Kultur mit Kultur im Allgemeinen und bestimmt den Status quo des Jahres 2003 (in diesem Jahr wurde das Buch veröffentlicht) in dem Sinne, dass lediglich ein „Aufeinanderzubewegen von Hoch- und Populärer Kultur, von Kunst und Unterhaltung" zu erkennen sei, jedoch noch keine vollständige Vermischung (vgl. ebd.: 11 f.). Allgemein verbindlich ist hingegen, dass Populäre Kultur „keine Kultur des Zwangs ist". Dies näher erläuternd konstatiert Hügel: „Ohne Rezeptionsfreiheit, verstanden sowohl als Freiheit, das zu Rezipierende auszuwählen, als auch den Bedeutungs- und Anwendungsprozess mitzubestimmen – also ohne ein bestimmtes Maß an bürgerlichen Freiheiten , gibt es keine Populäre Kultur" (ebd.: 6). Neben der sozialen Mobilität ist auch die Entstehung der Massenmedien eine Voraussetzung für die Etablierung der Populären Kultur. Als eine frühe typische populärkulturelle Praxis bezeichnet HÜGEL die Lektüre der Familienblätter, die 1853 erstmalig erschienen. Erst durch ihre massenhafte Verbreitung sei in Deutschland das Lesen zu einer alltäglichen kulturellen Praxis geworden (vgl. ebd.).

Darüber hinaus ist die Analyse des Populären an die jeweilige Disziplin gebunden und entbehrt einen gemeinsamen Nenner. Zwei wichtige Vertreter der Cultural Studies, STUART HALL und JOHN FISKE, charakterisieren Populäre Kultur als *Kultur der Unterdrückten*. Die Teilhabe an Populärer Kultur sei als „Akt eines Widerstandes" (ebd.: 14) zu begreifen. Demnach konstituiert sich Populäre Kultur durch eine widerständige Rezeptionshaltung, indem sie die Ressourcen der Kulturindustrie „subversiv nutze, ihre vorgegebenen Bedeutungen vervielfältige, breche oder ignoriere" (Hecken 2007: 142). In diesem Sinne können die immer beliebter werdenden Flashmobs mit dem Titel *Mc Donald's Run* als subversives Verhalten interpretiert werden. Bei dieser Aktion stürmen die Teilnehmer eine im Vorfeld ausgewählte *Mc Donald's*-Filiale, um zeitgleich einen bestimmten Burger zu bestellen. In München sorgte ein solcher *Burger Sturm* mit mehr als 2500 Flashmobbern dafür, dass der Betriebsablauf zum Erliegen kam.[57] Unter den Vorzeichen einer widerständigen Praxis kann die massenhafte Bestellung von Burgern als Ausdrucksmittel der Übertreibung gewertet werden, welches das übliche Verbraucherverhalten konterkariert. Dieser Einschätzung, Populäre Kultur als Ausdruck von Widerstand zu interpretieren, widerspricht HÜGEL und setzt ihr sein eigenes Konzept entgegen. Er versteht Populäre Kultur als medial vermittelte Unterhaltungskultur und stellt die Frage „Was geschieht im Unterhaltungsprozess?" (ebd.: 17 f.) in den Mittelpunkt seines Ansatzes.

Den Unterhaltungswert von Flashmobs bezeugt ein Blick auf die Videoplattform *YouTube*. Fast eine Million Mal wurde beispielsweise das Video *Ninja Flashmob* angesehen, kommentiert und verlinkt.[58] Es zeigt eine Aktion, bei der die Teilnehmer auf Kommando aus ihrer normalen Haltung ausbrechen, sich zunächst in Kampfstellung positionieren, um kurz darauf mit großem Geschrei verschiedene Kampfhandlungen anzutäuschen. Neben dem

---

57 Vor dem Start der Aktion werden von einigen Flashmobbern Marken verteilt, für die man bei *McDonald's* einen Burger bekommt. So soll Zeit gespart werden, um noch geballter und zur gleichen Zeit die massenhafte Bestellung durchgeben zu können. – Vgl. http://www.youtube.com/watch?v=uLpAC7OYliM&feature=PlayList&p=04DB614568342688&playnext_from=PL&index=0&playnext=1 [06.06.2010].

58 http://www.youtube.com/watch?v=0iYmRyuhn9k [06.06.2010]

Aspekt der Unterhaltung zeichnet sich Populäre Kultur auch durch eine quantitative Dimension aus. Eine populäre Ausdrucksform ist deshalb populär, weil sie weiter verbreitet und Teil des öffentlichen Gesprächs ist, so HÜGEL (vgl. ebd.: 6). Dies gilt auch für das Phänomen Flashmob. Dessen zunehmender Bekanntheitsgrad lässt sich in erster Linie an der hohen Zugriffsrate auf einige der Flashmob-Videos ablesen. Darüber hinaus visualisiert der Internetdienst *Google Insights for Search*[59] das weltweite Interesse an dem Untersuchungsgegenstand. Eine Grafik zeigt an, wie dieses seit 2004 exponentiell angewachsen ist.[60] Darüber hinaus werden Flashmobs auch durch die mediale Berichterstattung zu einer bekannten kulturellen Praxis: In den Printmedien[61] und im TV[62] finden Flashmobs statt. Eine weitere quantitative Dimension spiegelt sich zudem in der Teilnehmerzahl wider: Immer mehr Menschen in immer mehr Ländern partizipieren an den Aktionen.

Die angeführten Charakteristika repräsentieren zentrale Merkmale des Populären. Um das Phänomen Flashmob als Ausdruck unserer Populären Kultur bezeichnen zu können, ist jedoch eine Ergänzung der bislang genannten Ansätze nötig. So unterschiedlich die Auffassungen bezüglich der Frage, was genau unter Populärer Kultur zu erfassen ist, auch sind – die Teilhabe an Populärer Kultur wird stets als Rezeptionspraxis verstanden. Zwar werden die Rezipienten als aktive Kommunikationspartner anerkannt, die den medial vermittelten Unterhaltungsangeboten (im Sinne HÜGELs) nicht willenlos ausgeliefert sind (vgl. MAYER 2008: 536), dennoch stehen sie den Produzenten der Angebote diametral gegenüber. Dieses Verhältnis wird von den Flashmobbern aufgebrochen. Die Teilnehmer rezipieren keine vorhandenen Unterhaltungsangebote, sie produzieren sie selbst. Anstatt sich aus der Fülle

---

59 http://www.google.com/insights/search/# [29.06.2010]

60 Ausgewertet wird die Häufigkeit eines eingegebenen Suchbegriffs in Relation zu anderen Suchanfragen. – Vgl. http://www.google.com/insights/search/#q=flashmob&cmpt=q [29.06.2010].

61 Auf die Stichwortsuche „Flashmob" in dem Online-Archiv der *Süddeutschen Zeitung* erzielt man allein 27 Treffer, Stand 07.06.2010.

62 beispielsweise im Magazin *Neues* auf *3sat* (ausgestrahlt am 22. 11. 2009; http://www.youtube.com/watch?v=NBeXIIuwzz4 [04.04.2010]) oder in der *Aktuellen Stunde* des WDR (ausgestrahlt am 23.6.2009; http://origin.wdr.de/tv/aks/videos/flashplayer.jsp?mid=44095 [04.04.2010])

von Möglichkeiten, die der „Erlebnismarkt" (vgl. SCHULZE 1992: 317–457)[63] bereitstellt, zu bedienen, werden sie zu aktiven Gestaltern ihrer Freizeit. HOWARD RHEINGOLD beschreibt den Vorgang der Selbstermächtigung, der sich in den Aktionen der Flashmobber manifestiert, wie folgt: "Instead of buying a ticket and waiting in line to consume packaged entertainment fed them by others, [...] flash mobbers are making their own entertainment" (RHEINGOLD 2003). Diese Form der Selbstbestimmtheit, die den Flashmob-Aktionen zugrunde liegt, muss bei einer Verortung des Untersuchungsgegenstands als Ausdruck unserer Populären Kultur berücksichtigt werden.

Aufgrund der Schwierigkeit, eine allgemeingültige Definition von Populärer Kultur zu entwickeln, gibt es in der Forschung die Tendenz, anstelle von Populärer Kultur einen anderen Ausdruck zu wählen, mit dem ein bestimmtes Phänomen oder eine bestimmte Altersgruppe fokussiert wird. So existieren in der Forschungsliteratur Konzepte zu *Jugendkultur* sowie *Freizeitkultur* und *Konsumentenkultur* – abhängig davon, welche Fragestellung im Zentrum des Interesses steht (vgl. HÜGEL 2003: 14). Für die Verortung des Untersuchungsgegenstands sind vor allem die Konzepte der *Freizeit-* und *Erlebniskultur* von Interesse, die in den folgenden Kapiteln vorgestellt werden.

3.2.1 Freizeitkultur

> *„Kultur erfordert Freizeit und erstmals in der Geschichte der Menschheit kann die ganze Breite einer Gesellschaft ihre kulturellen Freizeitbedürfnisse befriedigen."* (OPASCHOWSKI 2003: 37)

Freie Zeit – neben dem Internet und seinen verschiedenen Diensten, die unter anderem eine vernetzte Kommunikation erlauben, ist dieser Aspekt eine weitere, wenn auch banal erscheinende Voraussetzung für das Zustandekommen eines Flashmob. Vor allem Schüler und Studenten nehmen an den Aktionen teil. Flashmobs sind ihr Hobby (oder eines ihrer Hobbys), dem sie sich in ihrer Freizeit widmen.

Von einer *Freizeitkultur* kann man seit der Entwicklung zu einer modernen Industriegesellschaft sprechen, die für die Mehrheit der Bevölkerung mit

---

63 „Die systematische und massenhafte Suche nach Erlebnismitteln für Erlebnisziele führt zur Ausbildung eines Marktes, wo Erlebnisangebot und Erlebnisnachfrage aufeinander treffen" (SCHULZE 1992: 416).

dem Anstieg des allgemeinen Wohlstands und einem höheren Maß an freier
Zeit sowie einer größeren Vielfalt von kulturellen Angeboten einhergeht
(vgl. ebd.: 36).

> „Freizeitkultur umschreibt heute die ganze Bandbreite, vom anspruchsvollen
> Kulturangebot bis zur Massenkultur im Umfeld von Unterhaltung, Zerstreuung
> und Erlebniskonsum […]. Freizeitkultur ist *gegenwartsbezogen* (aktuell) und
> gleichermaßen *personen- und sozialorientiert* (menschlich). Die Hochkultur
> wird vom Sockel geholt, aber nicht gestürzt; sie lebt weiter in der Freizeitkultur
> [Hervorhebung durch d. Verfasser].“ (ebd.: 36, 39)

Freizeitkulturelle Veranstaltungen bieten Abwechslung vom Alltag und
schaffen eine besondere Atmosphäre, die vor allem eine emotionale Ebene
berührt. „Hinter der Freiheit dieses neuen Wir-Gefühls verbirgt sich die Lust
an der Masse Mensch. Die Masse wird zur Bühne" (ebd.: 36). Die Bedeutung
der Gemeinschaft hervorhebend, bestimmt die Erlebnispsychologie das Erleben in Gesellschaft als konstitutives Merkmal der Freizeitkultur (vgl. ebd.:
37). Als besonders gefragt beschreibt HORST OPASCHOWKSI Live-Ereignisse
wie beispielsweise Open-Air-Konzerte: „Gefragt sind Leben und Erleben im
Hier und Jetzt. Die Live-Atmosphäre, der Aktualitäts- und Augenblicks-
charakter erklärt wesentlich die besondere Faszination" (ebd.: 36). Aber auch
Denkanstöße können durch sie angeregt werden, wenn auch bei den meisten
Menschen das Bedürfnis nach einer primär sinnlichen Ansprache im Vordergrund steht (vgl. ebd.: 38).

3.2.2   Erlebniskultur und Erlebnisgesellschaft

Noch stärker in den Mittelpunkt des Interesses rückt der Aspekt der Erlebnisorientierung im Konzept der *Erlebniskultur*. Die historische Voraussetzung ihres Entstehens ist eng verknüpft mit dem kulturellen und gesellschaftlichen Wandel, der nach dem Zweiten Weltkrieg eintrat. Wesentlich ist
die „Intensivierung und Globalisierung der Informations-Kommunikations-
flüsse, sowie der Warenflüsse […], die eine transnationale Medien- und Kon-
sumkultur hervorgebracht haben" (WINTER 2003: 33).

Die Erlebniskultur zeichnet sich unter anderem durch eine „Ästhetisierung des Alltagslebens" sowie über eine „intensivierte Transformation von
alltäglicher Wirklichkeit in Bilder" (ebd.) aus. Essenziell sind zudem der
Wunsch nach intensiven Augenblickserfahrungen sowie die Suche nach lust-
vollen Erlebnissen. In extremer Form manifestieren sich diese Aspekte im
Karnevalismus (VOLKMANN 2008: 315). Innerhalb dieser Kulturströmung

werden Grenzen zwischen „Oben und Unten, Kunst und Leben, Innen und
Außen, Ernst und Spaß, Lachen und Verlachtem" aufgelöst, sodass eine Situation entsteht, in der „groteske Kreatürlichkeit und unerhörte Phantastik in
die Alltagswelt hineinbrechen" (ebd.: 315).

Die Erlebnisgesellschaft nach Gerhard Schulze

> „*Erlebnisansprüche wandern von der Peripherie ins Zentrum der persön-
> lichen Werte; sie werden zum Maßstab über Wert und Unwert des Lebens
> schlechthin und definieren den Sinn des Lebens.*" (SCHULZE 1992: 59)

Die zentrale Stellung, die Erlebnisse in unserem sozialen Leben einnehmen,
hat den Soziologen Gerhard Schulze dazu veranlasst, die Diagnose einer
Erlebnisgesellschaft zu stellen (vgl. ebd.: 32). „Das Leben schlechthin ist
zum Erlebnisprodukt geworden" (ebd.: 13), so sein analytisches Urteil über
die Gesellschaft der 1980er-Jahre. Der Ausdruck verweist jedoch nicht auf
einen momentanen Ist-Zustand im Sinne von: „Diese Gesellschaft ist eine
Erlebnisgesellschaft". Vielmehr handelt es sich bei dieser Begrifflichkeit um
ein „graduelles Prädikat, das die im historischen und interkulturellen Vergleich relativ große Bedeutung von Erlebnissen für den Aufbau der Sozial-
welt bezeichnet" (ebd.: 15). Die Erlebnisorientierung ist somit nur in einem
kulturspezifischen Sinn zu verstehen, da die gesellschaftliche Situation heute
nicht mehr unter dem Aspekt der Knappheit, sondern des Überflusses interpretiert werde (vgl. ebd.: 22).

> „Die normative Kultur der gegenwärtigen Gesellschaft leitet sich nicht mehr
> aus dem Problem ab, die biologisch wahrscheinliche Lebenszeit überhaupt
> durchzuhalten, sich eine Existenz aufzubauen und den Kampf ums Dasein zu
> bestehen. Bei allem Krisenbewußtsein gilt das Leben doch als garantiert. Jetzt
> kommt es darauf an, es so zu verbringen, daß man das Gefühl hat es lohne sich.
> Nicht das Leben an sich, sondern der Spaß daran ist das Kernproblem, das nun
> das Alltagshandeln strukturiert." (ebd.: 60)

Mit dieser Entwicklung einher geht eine Verlagerung von einem außenorien-
tierten zu einem innenorientierten Handeln. Früher war das Handeln der
Menschen auf ihre äußere Situation ausgerichtet. Häufig galt es, mit einem
Mangel (an Geld, Bildung, sozialen Beziehungen) zu leben oder das Leben
war durch Anstrengungen gekennzeichnet, diesen Mangel zu beseitigen.
Erlebnisse nahmen in dieser Situation nur eine untergeordnete Stellung ein.
Der Erlebnisgesellschaft hingegen fehlt es an diesen elementaren Dingen in
der Regel nicht. Vielmehr basiert sie auf einem exponentiellen Wachstum
von Möglichkeiten, zwischen denen sich der Mensch entscheiden muss. In

Anbetracht dieser Wahloptionen setzt der Prozess der Selbstreflektion ein.
Die Fragen nach dem, was man will und wofür man sich entscheiden soll,
werden zentral (vgl. ebd.: 51). Als „Manager seiner eigenen Subjektivität"
geht es dem Menschen in erster Linie darum, seine Situation so zu manipu-
lieren, dass bei ihm bestimmte Prozesse ausgelöst werden, die er als positiv
bewertet (vgl. ebd.: 40).[64] „Beim innenorientierten Handeln wird das schöne
Erlebnis zur Hauptsache, Brauchbarkeit zum Nebenaspekt […] (ebd.: 64)".
SCHULZE spricht in diesem Zusammenhang von dem „Projekt des schönen
Lebens" (ebd.: 35) als typisches Orientierungsmuster der Menschen in der
Erlebnisgesellschaft, wobei er *das Schöne* als einen Sammelbegriff für positiv bewertete Ereignisse benutzt (vgl. ebd.: 39). Die positive Bewertung ist
essenziell für die Definition des Erlebnisses, wie sie SCHULZE vornimmt.
Seiner Einschätzung nach ist das Erlebnis nicht a priori als Erlebnis klassi-
fiziert. „Erlebnisse sind nicht Eindrücke, sondern Vorgänge der Verar-
beitung" (ebd.: 46). Nach diesem Verständnis sind Erlebnisse damit vollständig an die individuelle Wahrnehmung gebunden.

Erlebnisorientierung ist für SCHULZE nicht nur ein Element, das sich primär in der Freizeitgestaltung widerspiegelt, vielmehr geht er davon aus, dass
– im Gegensatz zu früher – heutzutage das gesamte Leben durch den Impera-
tiv „Erlebe dein Leben!" geprägt ist (vgl. ebd.: 33). So seien inzwischen auch
die Arbeit, enge Sozialbeziehungen, die Wohnung, der tägliche Konsum, die
Bewegung durch den Raum, Körper und Psyche zunehmend mit Erlebnisan-
sprüchen verknüpft (vgl. ebd.: 59).

Als GERHARD SCHULZE sein Buch *Erlebnisgesellschaft* 1992 veröffentlichte, war es seine Intention, seine Einschätzung der 1980er-Jahre auf einen
Begriff zu bringen. Darauf, dass sein Urteil auch aus heutiger Sicht nicht
obsolet ist, verweist SCHULZE in einer aktualisierten Auflage seines Werkes
von 2005. Zwar räumt er ein, dass der Wirtschaftsaufschwung vorbei und die
Arbeitslosenquote wesentlich höher sei als vor 20 Jahren, jedoch gibt er
gleichfalls zu bedenken: „Materielle Unsicherheit ist eine Sache, Nachden-
ken über Glück und Lebenssinn eine andere" (SCHULZE 2005: V). Er konstatiert, dass die Leitvorstellung des schönen Lebens weiterhin aktuell ist:
„Geblieben ist das Projekt des schönen Lebens als wichtigstes Ziel und das
Erleben als dominante Form, Sinn zu definieren" (ebd.: VIII). Was sich ge-
ändert habe, seien die Denkmuster bezüglich der Frage, was als schönes Le-

---

64 Diesen Vorgang bezeichnet SCHULZE als „Erlebnisrationalität" (vgl. SCHULZE 1992:
   40 ff.).

ben gewertet werde. „Machen statt Konsum" ist demnach eines dieser Muster, die sich neu etabliert haben – ein Motto, mit dem sich Aktionen der Flashmobber überschreiben lassen. Sie können zu den Menschen gezählt werden, über die SCHULZE in seiner Analyse über das Jahr 2005 sagt: „Sichtbar werden Menschen, die ihr Leben als Gestaltungsaufgabe begreifen" (ebd.).

3.2.3   Event

> *„Im Ordinärem sind Events das Extraordinaire."* (WAGNER 2007: 198)

GERHARD SCHULZE beschreibt die Erlebnisorientierung als eine Handlungsmotivation, die der gesamten Lebensgestaltung zugrunde liegt (vgl. SCHULZE 1992: 36). Nach dieser Vorstellung ist der Alltag bestimmt durch den Wunsch, möglichst viele schöne Momente zu erfahren. Im Mittelpunkt stehen Erlebnisse der „Faszination, Konzentration, Sinn, Gefühl" und „Authentizität" (SCHULZE 2005: VII). Was Schulze ausklammert, ist der Hinweis darauf, dass diese Erlebnisorientierung im Alltag häufig nicht befriedigt wird. So mag der Wunsch nach einem interessanten, abwechslungsreichen Beruf und einem ebensolchen Privatleben stets präsent sein – eine Erfüllung bleibt jedoch häufig aus. Diese Enttäuschung kann als ein Motiv gewertet werden, warum vor allem in der Freizeit eine Abwechslung zum Alltag gesucht und die Hoffnung auf ein außergewöhnliches Erlebnis zu einem wesentlichen Antriebsfaktor der Freizeitgestaltung wird.

Mit einer Aussage von RALPH WEISS soll an dieser Stelle zu dem Diskurs der Populären Kultur zurückgekehrt werden: „Populäre Kultur ist zwar ein Moment der Alltagskultur, aber Populäre Kultur kann – als *besonderes Erlebnis* [bzw. Event, J.J.] inszeniert und wahrgenommen – auch als Wirklichkeitsbereich erfahren werden, der den *Alltag* transzendiert [Hervorhebung durch d. Autor]" (WEISS 2003: 25). *Eine* These dieser Arbeit ist, dass die Aktionen der Flashmobber genau hier ansetzen und ein besonderes Erlebnis inszenieren, das aus dem Alltag heraussticht. In diesem Sinne können sie als eine spezifische Form des *Event* bezeichnet werden, welche eine zentrale Stellung im Bereich der Populären Kultur einnimmt. KATRIN BAUER, die das Phänomen Flashmob für ihre Dissertation über jugendkulturelle Szenen untersucht hat, bestätigt diese Vermutung. Sie bezeichnet die Aktionen der Flashmobber als „Ausdruck unserer modernen Event-Gesellschaft". Darunter versteht sie eine „Gesellschaft, in der es um das kurzfristige Erlebnis geht und darum, immer mobil zu sein. In der man sich nicht mehr langfristig binden will, sondern immer bereit ist zum Aufbruch, beruflich wie privat" (BAUER, zit. in MICHELS 2009).

Events sind für viele Forschungszweige ein interessanter Untersuchungsgegenstand. Besondere Aufmerksamkeit haben sie auch im Zuge des *performative turn* (vgl. BACHMANN-MEDICK 2007)[65] erhalten – einer Neuorientierung in den Kulturwissenschaften, nach der, verknappt gesagt, Kultur nicht mehr als Text, sondern als Handlung rezipiert wird. „Der performative turn lenkt die Aufmerksamkeit auf die Ausdrucksdimension von Handlungen und Handlungsereignissen bis hin zur sozialen Inszenierungskultur" (ebd.: 104). Im Mittelpunkt steht ein Blick auf Prozesse, in denen sich Bedeutung durch Handeln konstituiert sowie auf die „Mobilisierungskraft sozialer Praktiken im Hinblick auf kulturelle Veränderung [...]" (ebd.: 110). Im Zuge dessen wird auf den Trend zur Performativität verwiesen, der sich u. a. in der Popularität der stark handlungszentrierten Events niederschlägt. Diese Entwicklung berücksichtigend, definiert der Soziologe RONALD HITZLER Events als „aus unserem spät-, post- bzw. reflexiv-modernen Alltag herausgehobene, raum-zeitlich verdichtete, performativ-interaktive Ereignisse, mit hoher Anziehungskraft für relativ viele Menschen" (HITZLER 2000: 402).

Historisch betrachtet können heutige Events als eine spezielle Variante des Festlichen angesehen werden (vgl. GEBHARDT 2000: 24). Damals wie heute handelt es sich um ephemere Erscheinungsformen, die größtenteils eindeutig thematisch fokussiert sind. Wie in der Aktionskunst sind die Ereignisse im Vorfeld genau geplant, basieren u. a. auf dem Wunsch, nicht nur etwas Außergewöhnliches zu inszenieren, sondern zudem auch einen sozialen Mehrwert zu bieten: ein intensives Gefühl von Gemeinschaft.[66] Der Unterschied zu der traditionellen Form liegt vor allem in der „Verdoppelung

---

65 In ihrem Buch gibt BACHMANN-MEDICK einen Überblick über Neuorientierungen und Umbrüche in den Kulturwissenschaften. Zum *performative turn* siehe BACHMANN-MEDICK (2007: 104-135) – Vgl. auch FISCHER-LICHTE (2000b). In ihrem Aufsatz zeichnet FISCHER-LICHTE die Geschichte des Performativen nach. Wichtige Instrumentarien für die Erforschung performativer Prozesse bieten demnach die Ansätze von JOHN L. AUSTIN und MILTON SINGER. Während sich AUSTIN, aus der Sprachphilosophie kommend, in den 1950er-Jahren auf das Performative der Sprache konzentriert, entwickelt der Ethnologe MILTON SINGER das Konzept der *cultural performance*, unter welchem er beispielsweise Feste, Spiele und Zeremonien subsumiert.

66 Für eine Übersicht über weitere konstitutive Merkmale vgl. GEBHARDT (2000: 19–22).

der Beobachtung", so HUBERT KNOBLAUCH. „Das Event wird nicht nur für ein Präsenzpublikum gefeiert, es ist ein Ereignis, das auch von denen beobachtet wird, die gar nicht leibhaftig daran teilnehmen" (KNOBLAUCH 2000: 45). Möglich wird dies durch die mediale Aufzeichnung durch die Teilnehmer – diese haben immer häufiger eine Video- oder Digitalkamera dabei – oder auch durch die sich vor Ort befindenden Medienvertreter und die Live-Übertragung via Internet oder Fernsehen. Die *Beobachtung zweiter Ordnung*, wie NIKLAS LUHMANN sie nennt (vgl. LUHMANN 2005: 16), ist jedoch nicht bloß als ein Aspekt aktueller Eventformen zu werten. Was KNOBLAUCH versäumt, ist daraus ein neues prozessuales Verständnis des Events abzuleiten. Denn nicht nur das flüchtige Ereignis, sondern auch seine mediale Erfassung konstituiert seinen Charakter.

Dieser Prozess-Gedanke ist auch für die Flashmob-Aktionen von immenser Bedeutung. Nicht nur die Aktion im öffentlichen Raum, auch die mediale Vor- und Nachbereitung gehören zu dem Phänomen dazu. Darüber hinaus weisen Flashmobs weitere Merkmale auf, die für Events signifikant sind: „Sie sind anberaumt und vorgängig organisiert; sie weisen Anfang und Ende auf und sind räumlich eingegrenzt" (KNOBLAUCH 2000: 40). Weitere Gemeinsamkeiten betreffen das Gefühl von Solidarität und Gemeinschaft sowie die Herausgehobenheit aus dem Alltag.

Wenn Flashmobs zuvor als spezifische Form von Events bezeichnet wurden, dann liegt diese Einschränkung darin begründet, dass es neben wesentlichen Parallelen auch Unterschiede gibt. Events sind in der Regel professionell und strategisch geplante Ereignisse, mit deren Durchführung die Organisatoren einen finanziellen Gewinn erzielen wollen (vgl. ebd.: 49). In Opposition dazu handelt es sich bei Flashmobs um DIY-Ereignisse ohne kommerziellen Hintergrund. Der Begriff *DIY – Do it Yourself* verweist zudem auf eine andere wesentliche Unterscheidung zwischen populärkulturellen Events im Allgemeinen und Flashmobs im Speziellen. Wenn eingangs die Soziologin KATHRIN ROSI WÜRTZ zitiert wurde, die Flashmobs mit Popkonzerten vergleicht (vgl. Kapitel 3), dann ist diese Aussage nur haltbar, wenn sie ausschließlich auf die Kraft der Emotionen und des damit einhergehenden Gemeinschaftsgefühls bezogen wird. Denn die Rollen der Zuschauer bei einem Popkonzert und den Flashmobbern im Moment der Aktion sind keinesfalls deckungsgleich. Die Flashmobber sind nicht die Zuschauer, sie sind die Produzenten des Events. Flashmobs sind zwar – wie jedes Event – auf ein Publikum angewiesen, welches sich aus den zufällig vor Ort anwesenden Passanten zusammensetzt. Im Gegensatz zu normalen Event-Teilnehmern erfolgt die Partizipation an einem Flashmob aus Sicht der Zuschauer jedoch ohne Absicht. Sie entscheiden sich nicht bewusst dafür, die Aktion der Flashmobber zu verfolgen und sind sich über deren Inhalt und Ablauf nicht im Klaren.

Ein weiterer Unterschied, der sich aus der Umkehrung der Rollen von Akteur und Zuschauer ergibt, besteht hinsichtlich der sozialen Beziehungen. WINFRIED GEBHARDT bezeichnet die soziale Dimension von Events als „situative Event-Vergemeinschaftung" (GEBHARDT 2009), die sich erst im Augenblick des Ereignisses bildet, nur für dessen Dauer besteht und somit oberflächlich bleiben muss. Im Gegensatz dazu tritt zumindest ein Teil der Flashmobber schon vor der Aktion im urbanen Raum in eine *virtuelle Gemeinschaft* ein, da die Aktionen online gemeinsam vorbereitet werden. Diesem Aspekt wird mit dem Konzept der *posttraditionalen Vergemeinschaftung* Rechnung getragen, mit der die soziale Komponente von Flashmobs erfasst werden kann.

3.2.4   Posttraditionale Vergemeinschaftung

Die Grundlage des Konzeptes der *posttraditionalen Vergemeinschaftung*[67] ist die empirisch untermauerte Diagnose, dass sich die „habituell vorgegebenen" und „emotional basierten" Beziehungen zwischen Menschen auflösen oder zumindest nicht mehr ihre ursprüngliche Bedeutung haben (vgl. KROTZ 2009: 151). Jedoch mündet diese Entwicklung nicht in einem völligen Untergang kollektiver Strukturen (vgl. SCHULZE 1992: 34). Während die Bedeutung von u. a. Familie, Kirchengemeinde und Vereinen geschwächt ist, haben sich neue Muster der Vergemeinschaftung entwickelt. Unter den Vorzeichen des Überflusses und des Überangebots können diese Beziehungsformen als Antwort auf eine allgegenwärtige Orientierungslosigkeit gewertet werden (vgl. ebd.: 51). Primär basieren sie nicht mehr, wie traditionell üblich, auf einer ähnlichen Lebenslage, sondern auf ähnlichen Lebenszielen und ästhetischen Ausdrucksformen (vgl. HITZLER/HONER/PFADENHAUER 2009: 9):

> „Posttraditionale Vergemeinschaftungen [...] konstituieren sich typischerweise dadurch, dass individualisierte Akteure sich aufgrund kontingenter Entscheidungen für eine zeitweilige Mitgliedschaft freiwillig in soziale Agglomerationen und deren Geselligkeit einbinden, die wesentlich durch nicht nur distinktes, sondern durch dezidiert *distinktives* Wir-Bewusstsein stabilisiert sind. (ebd.: 15)

---

67 Der Ausdruck des Posttraditionalen ist eng verknüpft mit der Individualisierungsthese von ULRICH BECK (vgl. BECK 1986).

Moderne Formen der Vergemeinschaftung sind in Opposition zu traditionellen Beziehungen demnach relativ flüchtig. Basieren letztere auf einem
starren Korsett aus Regeln, zeichnet sich das posttraditionale Beziehungs-
muster in erster Linie durch „emotionale Allianzen" (KROTZ 2009: 164) aus.
Die Akteure bilden eine relativ eingeschworene Gemeinschaft, die sich allerdings jederzeit auch wieder auflösen kann. Niemand wird zur Mitgliedschaft
verpflichtet, sondern lediglich „verführt", wie RONALD HITZLER et al. betonen. „Diese Verführung geschieht wesentlich durch die Option zur Teilhabe
an von den dadurch angesprochenen als ‚erlebenswert' angesehenen sozialen
Ereignissen" (HITZLER/HONER/PFADENHAUER 2009: 18).

Ausschlaggebend für das Verschwinden traditioneller Beziehungsgeflech-
te sind vor allem Transformationsprozesse in politischen, ökonomischen und
kulturellen Kontexten (vgl. ebd.: 9).[68] Darüber hinaus macht FRIEDRICH
KROTZ darauf aufmerksam, dass Vergemeinschaftung neben den genannten
Faktoren auch durch die Form der Kommunikation beeinflusst werde und
somit die zunehmende Bedeutung der digitalen Medien für die interpersonale
Kommunikation ein entscheidender Einflussfaktor für die Form der Vergemeinschaftung sei (vgl. KROTZ 2009: 164). In diesem Sinne und aus einer
kommunikationssoziologischen Perspektive heraus bestimmt er posttraditionale Vergemeinschaftungen als „Netzwerke" (ebd.). Auch RONALD HITZLER
verwendet diesen Begriff, um das moderne Konzept von Gemeinschaft zu
bestimmen. Als typische Form der posttraditionalen Vergemeinschaftung
nennt er die *Szene*,[69] die er als „eine Form von lockerem sozialem Netzwerk"
(HITZLER 2009: 56) definiert. Die Akteure verkehren mit „Teilzeit-Gleich-
gesinnten" (ebd.: 64), die sich von anderen abgrenzen, indem sie bestimmte
Informationskanäle und -formen nutzen. Besonders das Internet ist als Kom-
munikationsraum ein wesentliches Bindeglied für die Mitglieder der Szene.

> „Eine Szene weist typischerweise lokale Einfärbungen und Besonderheiten auf,
> ist jedoch nicht lokal begrenzt, sondern zumindest, im Prinzip, ein weltumspan-

---

68 Konkret genannt werden in diesem Zusammenhang Subjektivierungs-, Pluralisie-
   rungs-, Individualisierungs- und Globalisierungsprozesse.

69 RONALD HITZLER leitet ein Projekt über Jugendszenen an der Technischen Universität
   Dortmund. Auf der Seite des Portals www.jugendszenen.com [26.04.2010] sind diverse Szenen aufgelistet, mit denen sich die Projektteilnehmer bislang eingehender auseinandergesetzt haben. Zuletzt in den Katalog aufgenommen wurde die Parkour-
   Szene. Die Flashmob-Szene fehlt bislang. Der Popularität dieser Beziehungsform geht
   auch WINFRIED GEBHARDT nach (vgl. GEBHARDT 2002).

nendes, globales – und ohne intensive Internet-Nutzung der daran Beteiligten zwischenzeitlich auch kaum noch überhaupt vorstellbares – Gesellungsgebilde […].“ (ebd.: 56 f.)

In diesem Sinne stellt auch KROTZ fest: „[…] Ohne Internet und Handy wären viele Phänomene, die wir heute beobachten, […] in der heutigen Form nicht möglich“ (KROTZ 2009: 164). Flashmobs sind nur ein Beispiel dafür.

3.3 Flashmobs als Cross-over-Ereignis

Unsere Populäre Kultur ist geprägt durch eine Ästhetisierung des Alltags. Sie ist bestimmt durch die Nutzung der digitalen Medien und manifestiert sich in inszenierten Ereignissen, an denen wir in Massen teilnehmen, um so dem Alltag für einen Moment zu entkommen (vgl. SIMANOWSKI 2008: 23). In diesem Sinne können Flashmobs als Ausdruck unserer Populären Kultur gesehen werden. Gleichzeitig spiegeln sich in den Aktionen aber auch zentrale Merkmale der Aktionskunst wider, sodass sie in deren Traditionslinie verortet werden können. Nach der Auffassung HANS-OTTO HÜGELs erscheint diese Aussage widersprüchlich, besteht er doch auf einer Unterscheidung zwischen den Bereichen Kunst und Populärer Kultur (vgl. HÜGEL 2003: 12). Im Gegensatz zu dieser Einschätzung soll hier gezeigt werden, dass der Untersuchungsgegenstand dieser Arbeit stellvertretend für eine Reihe von Ausdrucksformen steht, in denen Elemente aus Kunst und Populärer Kultur vermengt werden zu sogenannten *Cross-over-Ereignissen* (vgl. EIGTVED 2004: 252). Hierbei handelt es sich um Formen, „bei denen die früheren Unterscheidungen zwischen hoher und Populärer Kultur sowie zwischen Masse und Elite nicht mehr angebracht sind, da sie Elemente aus einer Vielzahl von kulturellen Kontexten zur gleichen Zeit präsentieren“ (ebd.).

Diese Aufhebung der Unterschiede ist gleichbedeutend mit einer Grenzüberschreitung – *(to) cross-over* –, die durch den Begriff des *Hybriden* erfasst wird. IRMELA SCHNEIDER bezeichnet damit ein Denken in Vermischungen, Verkettungen und in Netzen. „Hybridisierung soll Entwicklungen bezeichnen, in denen sich Formen kombinieren, die sich in unterschiedlichen Zeitdimensionen entwickelt haben“ (SCHNEIDER 1997: 14). Auf den Untersuchungsgegenstand übertragen, kann daraus die These abgeleitet werden, dass es sich bei Flashmobs um ein hybrides Phänomen handelt, in dem sich Ausdrucksformen der Aktionskunst und der Populären Kultur vermischen.

Um diese These zu untermauern, soll in einem kurzen Blick zurück gezeigt werden, dass dieses „Crossover von Ästhetiken" (REGENER 2006a: 121)[70] sowohl für die vorgestellten Zweige der Aktionskunst als auch für die populärkulturellen Events gilt. Beiden ist das Moment der Grenzüberschreitung und Dynamik eingeschrieben.

Für die Aktionskunst wird dies bereits durch das für sie verwendete Synonym *Intermedia* evident. Der Begriff verweist auf einen *Entgrenzungsprozess,* den sowohl das Happening als auch Fluxus und die Performance Art inhärieren. In ihren Aktionen verknüpfen die Akteure diverse Kunstgattungen miteinander und integrieren zudem Elemente aus dem Alltag, um so Kunst und Leben miteinander zu vereinen. Neben der Aktionskunst lässt sich diese Aussage auch auf die populärkulturellen Events übertragen. So konstatiert WINFRIED GEBHARDT: „Events bedienen sich der Formsprache eines *kulturellen und ästhetischen Synkretismus*" (GEBHARDT 2000: 20). Damit verweist er auf die für Events typische Vernetzung der Ausdrucksmittel wie Musik, Tanz, Theater und bildender Kunst. Neben diesen *prozessimmanenten* Entgrenzungsprozessen beobachtet der Theateranthropologe RICHARD SCHECHNER auch eine Annäherung *zwischen* Aktionskunst und Pop-Events. Seiner Einschätzung nach existiert ein gradueller Übergang zwischen „Intermedia Happenings" und „public events".[71]

Der Idee eines graduellen Überganges und damit auch der geäußerten These wird der Begriff der *Performance* gerecht. Wurde in Kapitel 3.1.3 unter Performance Art ausschließlich eine Kunstpraxis subsumiert, umfasst der Begriff der *Performance* ohne eine weitere Spezifikation nicht nur künstlerische, sondern auch kulturelle Ausdrucksformen – mit einem Fokus auf den Vollzug von Handlungen – im Allgemeinen. Diese Auffassung etabliert sich vor allem im Zuge der bereits angesprochenen performativen Wende, unter deren Vorzeichen „Kultur als Performance" rezipiert wird (vgl. BACHMANN-MEDICK 2007: 104). Kultur wird in diesem Sinne als eine Kultur der Handlung verstanden, eine Kultur, die sich nicht mehr in Werken, sondern in performativen Prozessen manifestiert. Prominente Vertreterin die-

---

70 REGENER verwendet diesen Ausdruck im Zusammenhang mit einer Fotografie, die in ein Netz aus verschiedenen Ästhetiken verwoben ist und exemplarisch für den intermedialen Charakter unserer westlichen Kultur steht.

71 RICHARD SCHECHNER, zitiert nach: DREHER (2001: 293)

ser Neuorientierung innerhalb der Kulturwissenschaft ist die Theaterwissen-
schaftlerin ERIKA FISCHER-LICHTE. Ihr Performanzkonzept fokussiert den
Vollzug von Handlungen und beleuchtet u. a. die praktische Herstellung und
Transformation kultureller Regeln und Werte (vgl. KLEIN/STING 2005: 9).

> „Performative Handlungen sind selbstreferenziell, insofern sie das bedeuten,
> was sie tun. Sie sind wirklichkeitskonstituierend, indem sie soziale Wirklichkei-
> ten hervorbringen und zu verändern vermögen. Institutionelle und soziale Be-
> dingungen bestimmen – ebenso wie die spezifische Aufführungssituation –
> ihren Verlauf. Wo Kulturen sich in diesem Sinne ereignen, aufeinander treffen,
> interagieren und sich transformieren, wird Performativität zum Signum ihrer
> Konstitution, Organisation und Reflexion. Performative Prozesse sind Trans-
> formationsprozesse, die prinzipiell nicht vollkommen planbar, kontrollierbar
> und verfügbar sind. Sie eröffnen Spiel- und Freiräume, immer wieder taucht in
> ihnen Ungeplantes, Nicht-Vorhersagbares auf, das den Prozess der Transforma-
> tion wesentlich mitbestimmt. Intention und Kontingenz, Planung und Emergenz
> sind in ihnen untrennbar miteinander verbunden."[72]

Um den performativen Charakter von Kultur erfassen zu können, stellt sie
den *Aufführungsbegriff* in den Mittelpunkt ihrer Forschung (vgl. FISCHER-
LICHTE/RISI/ROSELT 2004). Der Begriff der Aufführung steht u. a. für ein
weitgefasstes Verständnis von Performances. Unter Performances versteht
sie demnach nicht nur Ausdrucksformen der Kunst, sondern auch kulturelle
Ereignisse, in denen die Ausführung einer Handlung im Mittelpunkt steht.
Dazu gehören neben Festen und Sportwettkämpfen auch politische Veranstaltungen – und ebenso kann der Untersuchungsgegenstand *Flashmob* unter
diesem Begriff subsumiert werden.

Mit dieser Beschreibung wird deutlich, dass ein Konzept, das den Vollzug
von Handlungen in den Mittelpunkt stellt und ein weitgefasstes Verständnis
von Performance impliziert, eine Verklammerung von Populärer Kultur und
Kunst möglich macht. Der Begriff der *Performance* verbindet diese beiden
Bereiche: „Performances destabilisieren die Grenzen zwischen Populärer
Kultur und Kunst […]" (KLEIN/STING 2005: 10), so das Urteil von GABRI-
ELE KLEIN und WOLFGANG STING.

Mit diesem Begriffsverständnis ist es möglich, die hier aufgestellte These
zu verifizieren und Flashmobs als hybrides Phänomen zu definieren, das

---

72 Seit 1999 widmet sich der Sonderforschungsbereich Kulturen des Performativen,
dessen Sprecherin ERIKA FISCHER-LICHTE ist, u. a. den verschiedenen Praktiken der
Performativen und deren kulturellen Auswirkungen. Vgl. http://www2.hu-berlin.de/
performativ/index.html [01.05.2010].

sinnbildlich für die Kombination der Ausdrucksformen aus Kunst und Populärer Kultur steht. Wie passgenau sich der Begriff der *Performance* für die Flashmob-Aktionen verwenden lässt, macht eine Aufzählung der allgemeinen Charakteristika von Performances deutlich. Performances bzw. Flashmobs

> „[…] stellen Gemeinschaften des Augenblicks her und sind deshalb zentral für das Verständnis von posttraditionalen Vergemeinschaftungsformen und bedeutend zur Erkenntnis (inter-) kultureller Alltagspraktiken. Performances intensivieren die Face-to-Face-Kommunikation und provozieren damit ein anderes Verhältnis von Akteur und Zuschauer; nicht die Akteure allein, sondern die Zuschauer sind es, die die Performance als solche legitimieren und über das Gelingen oder Scheitern der Performance entscheiden. Der Erfolg und die Qualität der Performance lassen sich also nicht an einem festgelegten Kriterienkatalog messen, sondern zeigen sich in der erfolgreichen Interaktion." (ebd.)

4   Performance im Zeitalter des Web 2.0

In Kapitel 3 wurde eine kulturhistorische Verortung des Phänomens Flash-
mob vorgenommen und aufgezeigt, dass der Untersuchungsgegenstand als
Ausdruck einer Annäherung der Formensprachen von Kunst und Populärer
Kultur verstanden werden kann. Für das übergeordnete Ziel, Flashmobs als
Performance 2.0 zu bezeichnen, wurde in diesem Zusammenhang der Begriff
Performance näher bestimmt. Lag der Schwerpunkt der Betrachtung bislang
primär auf der Aktion im öffentlichen Raum, so wird im weiteren Verlauf die
Organisationsstruktur des Untersuchungsgegenstands analysiert. Hierzu gehört auch die Vor- und Nachbereitung eines Flashmob, welche im Internet
stattfinden. Flashmobs beschreiben demnach einen Prozess, der sich über
zwei Räume erstreckt: den urbanen öffentlichen sowie den öffentlichen virtuellen Raum. Diese Arbeit stellt die These auf, dass sich hieraus eine Entgrenzung dieser Räume ergibt, da sie im Ablauf eines Flashmob selbstverständlich miteinander verknüpft werden. Bezüglich des übergeordneten
Ziels der vorliegenden Arbeit wird in diesem Kapitel das *Web 2.0* näher vorgestellt und erklärt, worauf der Begriff *Performance 2.0* verweist.

Was in dieser Arbeit unter *Prozess* verstanden wird, wurde bereits näher
erläutert. Innerhalb der Aktionskunst schlägt sich dieser Aspekt vor allem
inhaltlich nieder. Die Akteure verabschieden sich von der Idee eines statischen Werkes – allein der Prozess, der sich im Vollzug einer ephemeren
Handlung manifestiert, konstituiert die Aktionen von Fluxus, Happening und
Performance Art. Neben dieser inhaltlichen Komponente spiegelt sich das
prozessuale Moment auch auf der konzeptuellen Ebene wider. Denn der
scheinbaren Spontaneität der Aktionen zum Trotz bedürfen sie einer ein-
gehenden Planung im Vorfeld, in der zumindest die Rahmenbedingungen der
ausführenden Handlungen abgesteckt werden. Für die Performance Art erweitert sich der Prozess um eine zusätzliche Komponente: Nicht allein die
Vorbereitung und der flüchtige Augenblick der Handlung, sondern auch seine mediale Speicherung konstituieren das Konzept der Aktionen. Dies gilt
auch für Events, deren Konzeption ebenfalls die genaue Planung sowie die
mediale Aufzeichnung des Ereignisses enthält. Bezüglich ihrer Struktur bezeichnet RONALD HITZLER Events demzufolge als „Trajekte“, ein Begriff,
den er aus dem Trajekt-Konzept von ANSELM STRAUSS adaptiert, um damit

auf den mehrstufigen, komplexen Ablaufprozess eines Events aufmerksam zu machen (vgl. HITZLER 2000: 403 f.).

Um auch das Phänomen Flashmob in seiner Prozesshaftigkeit analysieren zu können, wird im Folgenden dessen Organisationsstruktur näher beleuchtet. Diese zeichnet sich durch einen fortlaufenden Kommunikationsprozess aus, der sich in drei Phasen unterteilt. Diese Phasen können in Anlehnung an HITZLER bzw. STRAUSS ebenfalls als „Trajekte" charakterisiert werden.

Phase der Vorbereitung (online)

Phase der Durchführung (offline)

Phase der Bilderwanderung (online)

Abb. 2 Der Flashmob als dreistufiger Prozess

Bevor auf die erste Phase – die Vorbereitung eines Flashmob – näher eingegangen wird, soll zunächst ein Exkurs zum Begriff des *Web 2.0* vorangestellt werden. Der Begriff ist heutzutage in aller Munde – und auch in der Überschrift zu diesem Kapitel findet er Verwendung, um deutlich zu machen, dass Flashmobs als Performances auf Basis moderner Kommunikationstechnologien bezeichnet werden können. Web-2.0-Anwendungen spielen in diesem Zusammenhang eine besonders wichtige Rolle. Problematisch ist, dass der Begriff sehr allgemein verwendet wird und neben sozialen auch technische, ökonomische und rechtliche Aspekte enthält (vgl. EBERSBACH/GLASER/HEIGL 2008: 23). Die Omnipräsenz des Begriffes hat seine von Beginn an vorhandene Unschärfe weiter verstärkt, sodass der Begriff zunächst näher bestimmt wird.

4.1   Exkurs: Was ist das Web 2.0 ?

Die Ungenauigkeit des Ausdrucks ist zum einen auf seine generalisierende Verwendung zurückzuführen, zum anderen der Tatsache geschuldet, dass keine allgemein anerkannte Definition von Web 2.0 existiert. Seitdem der Begriff 2004 durch den amerikanischen Verleger TIM O'REILLY geprägt wurde, hat die Popularität der Wortneuschöpfung stetig zugenommen. Sie steht für eine Vielzahl an Veränderungen, die z. B. Geschäftsmodelle, Prozesse der Softwareentwicklung und Nutzungspraktiken im Internet betrifft (vgl. Schmidt 2008: 19). Ein Streitpunkt, der sich daraus ergibt, betrifft die Frage, ob das Web 2.0 für ein neues Zeitalter des Internets steht oder ob es sich stattdessen aus dem WWW heraus entwickelt hat und somit als eine Stufe innerhalb eines Entwicklungsprozesses aufzufassen ist.[73] Die Einschätzung, es handle sich um eine Form von *Medienrevolution*, wird insbesondere durch den Zusatz „2.0" gespeist, verweist dieser doch auf die Benennung von Software-Versionen. „2.0" steht demnach für eine neue Version, die mit einer grundlegenden Modifikation gleichzusetzen ist (vgl. ebd.). So diagnostizieren MICHAEL SCHENK et al. einen Wandel des Internets, der sich über eine Verschiebung vom reinen „Abrufmedium" zur „Mitmachplattform" auszeichne (vgl. SCHENK/TADDICKEN/WELKER 2008: 243). JAN SCHMIDT wehrt sich gegen die Annahme eines *Medienumbruchs*, der durch das Web 2.0 eingeläutet worden sei. Für ihn spiegelt die gegenwärtige Situation das „Ergebnis eines kontinuierlichen bzw. inkrementellen Wandels" (SCHMIDT 2008: 20) wider. Diese Auffassung teilt auch UDO THIEDEKE:

> „Die Grundprinzipien der Kommunikationsmöglichkeiten des Internets haben sich kaum gewandelt, seit *das Netz* in den 1990er Jahren mit der hypermedialen Navigationsstruktur des World Wide Web (WWW) zum globalen Kommunikationsmedium wurde [Hervorh. durch d. Autor]." (THIEDEKE 2008: 45)

Die verschiedenen Aspekte, welche Abbildung 3 in Form einer Mindmap darstellt und den amorphen Charakter des Web 2.0 beschreibt, beruhen demnach nicht auf einer grundlegenden Neuerung der Architektur des Internets, sondern sind zunächst vor allem auf technische Entwicklungen zurückzuführen. Diese zeigen sich sowohl in der weitreichenden Versorgung der Bevölkerung mit breitbandigen Internetzugängen als auch in der erhöhten

---

73 Aus Gründen der thematischen Beschränkung der Untersuchung kann hier keine vollständige Übersicht über die einzelnen Positionen gegeben werden.

Rechenleistung privater Computer. Im Zuge dessen wurden stetig neue Anwendungen realisiert, welche die Partizipation des Nutzers und den Austausch der Nutzer untereinander erleichtern (vgl. SCHENK/TADDICKEN/WEL-
KER 2008: 243). „Wesentlich für alle Web 2.0-Anwendungen ist, dass keines
dieser Angebote ohne aktive Teilnahme seiner Nutzer auskommt" (BUSE-
MANN/GSCHEIDLE 2009: 356).

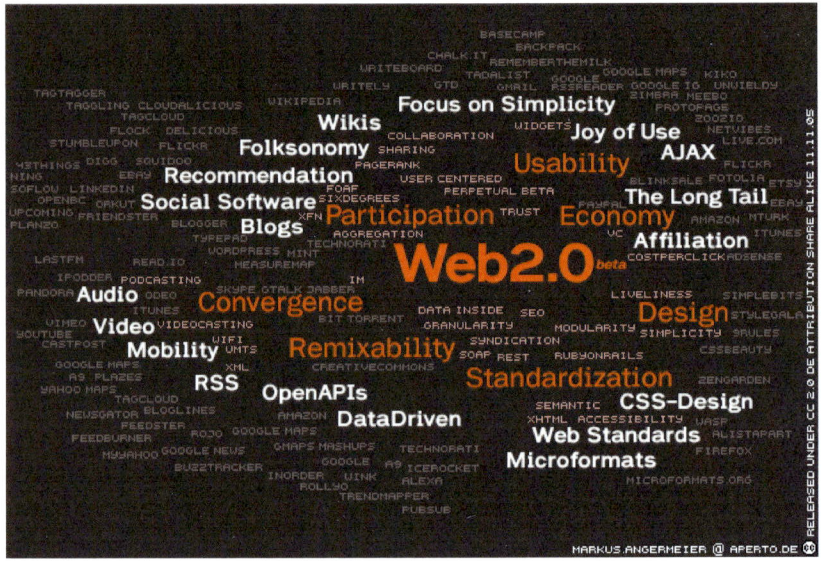

Abb. 3 Mindmap zu Merkmalen und Konzepten des Web 2.0 (Quelle:
MARKUS ANGERMEIER, http://nerdwideweb.com/web20/#web20en [13.05.2010])

Die erhöhte Bereitschaft der Nutzer, diese Angebote auch wahrzunehmen,
beschreibt eine weitere Voraussetzung, die die Entwicklung des Begriffs
Web 2.0 geprägt hat (vgl. SCHENK/TADDICKEN/WELKER 2008: 245). Schlagworte wie *user-generated content* und *social networking* verweisen in diesem
Zusammenhang auf zwei populäre Nutzungspraxen: selbst Inhalte generieren
und sich mit anderen Internetnutzern austauschen. Um die verbesserten Möglichkeiten und den verstärkten Wunsch nach Interaktion zu betonen, wird
immer häufiger der Begriff des *Social Web* als Synonym für das Web 2.0
verwendet (vgl. DETERDING 2009: 115). Damit rückt insbesondere der soziale Aspekt in den Vordergrund. Anstelle einer allgemeingültigen Definition ist
das Verständnis von Web 2.0 somit auch abhängig von der Forschungs-
perspektive und der jeweiligen Fragestellung, unter der man sich dem Begriff

nähert. Während aus rechtlicher Sicht beispielsweise Fragen nach dem Da-
tenschutz im Zentrum des Interesses stehen, interessieren im Rahmen dieser
Arbeit vor allem bestimmte Angebotsformen des Web 2.0 wie Video-Com-
munities und soziale Netzwerk-Seiten sowie deren Nutzung durch die Flashmobber. Darüber wird nach dem Verhältnis von On- und Offline gefragt,
welches zum einen auf technischen Voraussetzungen basiert und letztlich
wiederum durch das Nutzerverhalten der Flashmobber bestimmt wird.

Um diese Fragen in den Fokus der Betrachtung zu stellen, wird in dieser
Arbeit – in Anlehnung an MICHAEL SCHENK et al. – unter Web 2.0 eine gesellschaftliche Praxis verstanden, die sich durch Offenheit der Nutzer, Vernetzung und Interaktivität auszeichnet (vgl. SCHENK/TADDICKEN/WELKER
2008: 243). Dem wird der Aspekt der *Hybridisierung* beigestellt, da er ein
weiteres Grundprinzip ist, auf dem das Web 2.0 fußt. Während der Begriff
des *Hybriden* in kulturwissenschaftlichen Zusammenhängen häufig für die
Entgrenzung oder Vermischung von Kulturen und Gattungen verwendet wird
(vgl. SEIBEL 2008: 296), geht es hier speziell um das bereits erwähnte Verhältnis von On- zu Offline – das heißt, um die Frage, inwiefern im Prozess
eines Flashmob eine Annäherung des urbanen öffentlichen und des virtuell
öffentlichen Raumes stattfindet.

4.2   Phase der Vorbereitung

„Enzensberger entdeckte den Flashmob" – so lautet der Titel eines *Spiegel-
Online*-Artikels vom 03.09.2009 (vgl. SCHMUNDT 2009). Der Verfasser er-
klärt, wie der deutsche Schriftsteller HANS MAGNUS ENZENSBERGER bereits
Ende der 1980er-Jahre ein Phänomen beschreibt, das aus heutiger Sicht als
Flashmob charakterisiert werden würde. Er beruft sich auf ENZENSBERGERS
Essayband *Ach Europa!*, der 1987 veröffentlicht wurde und in dem ENZENS-
BERGER berichtet, wie sich ganz plötzlich und ohne ein offensichtliches Ziel
zu verfolgen, über 1.000 schwedische Jugendliche auf einem Platz versam-
meln und eine Unterhaltung beginnen. Für das Zustandekommen dieses
„Auflaufs" war eines wesentlich: die Entdeckung einer Sicherheitslücke im
öffentlichen Telefonnetz:

> „Wer die Nummern einer gewissen Zahl von gesperrten Anschlüssen wählte,
> konnte mit jedem anderen Teilnehmer sprechen, der das Gleiche tat. Die betref-

fenden Telefonnummern gingen an den Stockholmer Schulen wie ein Lauffeuer um, und es entstand eine enorme, spontane Konferenzschaltung. Ein neues Massenmedium war geboren: der ‚heiße Draht'. Intelligenter kann man moderne Kommunikationstechniken kaum verwenden."[74]

Die Frage, ob ENZENSBERGER mit seiner Beobachtung tatsächlich als Entdecker des ersten Flashmob gefeiert werden kann, sei dahingestellt. Interessant ist jedoch die Voraussetzung für das Ereignis: Die Jugendlichen erfahren von einer „Lücke im System". Die Information verbreitet sich wie ein Lauffeuer und resultiert in einem Netzwerk in Form einer Konferenzschaltung, über die sich die Jugendlichen austauschen und Ort und Zeit für eine Versammlung im öffentlichen Raum vereinbaren. Sie greifen auf die technischen Voraussetzungen zurück, um sie für ihre eigenen Zwecke nutzbar zu machen. Auf eine wesentliche Parallele, die die Organisation der Jugendlichen damals und die der Flashmobber heute verbindet, verweisen MICHAEL SCHENK et al.: „Grundsätzlich wird das Prinzip der Selbstorganisation erst durch Kommunikation ermöglicht" (SCHENK/TADDICKEN/WELKER 2008: 247).

Heute ist das grundlegende Prinzip der Verabredung dasselbe: Auch die Flashmobber sind zunächst verstreut agierende Einzelpersonen, die sich mithilfe von Kommunikationstechnologien vernetzen. Allerdings müssen sie dafür nicht mehr nach einem technischen Defekt suchen. Im Zeitalter der „Netzwerkgesellschaft", wie sie von MANUEL CASTELLS für das beginnende 21. Jahrhundert diagnostiziert wird (vgl. CASTELLS 2001b), sind die Möglichkeiten für Flashmobber deutlich gewachsen:

> "[…] Forming groups has gotten a lot easier. To put it in economic terms, the costs incurred by creating a new group or joining an existing one have fallen in recent years not just by a little bit. They have collapsed. […] Today, with social tools, it is organizational participation by the laity." (SHIRKY 2008: 18, 153)[75]

Heute finden sich Interessengemeinschaften am häufigsten über das Web zusammen (vgl. DETERDING 2009: 126). So greifen die Flashmobber ganz selbstverständlich auf die Dienste des Web 2.0 zurück und nutzen die Anwendungen als Möglichkeit zur Verabredung des nächsten Zusammentref-

---

74 ENZENSBERGER, zitiert nach: SCHMUNDT (2009)

75 Mit Kosten meint SHIRKY hier Transaktionskosten. Diese können sich sowohl auf Geld, aber auch auf Zeit, Anstrengung und Aufmerksamkeit beziehen – kurz: Transaktionskosten bezeichnen all das, was in irgendeiner Form an Eigenleistung von Seiten des Ausführenden erbracht werden muss.

fens. Während BILL WASIK für die Organisation des ersten „offiziellen" Flashmob 2003 auf E-Mails und Blogeinträge setzte, um seine Idee zu verbreiten, sind die Kommunikationsmöglichkeiten heute noch vielfältiger. Vor allem die Nutzung verschiedener Online-Communities ist bei den Akteuren sehr beliebt. Deren Verwendung behebt das vor dem Zeitalter des Internets herrschende Koordinierungsproblem und macht es einfach, ein Netzwerk von Menschen mit denselben Interessen zu bilden.

Online-Community ist ein sehr dehnbarer Begriff, der u. a. für Akteure von Online-Rollenspielen wie auch für die verschiedenen Erscheinungen der sozialen Netzwerk-Seiten (SNS) verwendet wird. So unterschiedlich die Dienste auch sind, die unter diesem Namen subsumiert werden, besitzen sie SEBASTIAN DETERDING zufolge aus soziologischer Perspektive doch einen gemeinsamen Nenner:

> „Virtual Community [oder Online-Community, J.J.] bezeichnet die (1) um ein geteiltes Interesse organisierte (2) anhaltende Interaktion von Menschen (3) über einen oder mehrere mediale Knoten im Web, aus der (4) ein soziales Netzwerk aus Beziehungen und Identitäten mit (5) einer geteilten Kultur aus Normen, Regeln, Praxen und Wissensvorräten emergiert." (ebd.: 118)

Diese Definition erweist sich als fruchtbar für die Analyse der vorliegenden Untersuchung, da sie den performativen Charakter der Communities unterstreicht. So spiegelt die Beschreibung DETERDINGs die Auffassung von *Kultur als Praxis* wider. Zudem unterstreicht er den prozessualen und dynamischen Charakter einer Community – Aspekte, die für das Verständnis von Flashmobs wesentlich erscheinen. Auch das Konzept der posttraditionalen Vergemeinschaftung, welches in Kapitel 3.2.4 als wichtiger Ansatz zum Verständnis der sozialen Dimension der Flashmobs herangezogen wurde, erhält in dieser Definition seine virtuelle Komponente:

> „Beides [virtuelle Communities sowie posttraditionale Vergemeinschaftungen, J.J.] sind temporäre, freiwillig-intentionale Ein-/Austritte von Individuen in eine soziale Agglomeration, die wesentlich durch ein gemeinsames [...] Interesse und die darum entfaltete Kultur bestimmt wird, sich als Netz aus Netzen strukturiert und aufgrund ihrer räumlich-zeitlich-sozialen Weite je-individuell ‚imaginiert' bleiben muss." (ebd.: 125)[76]

---

76 Diese Parallelsetzung der beiden Konzepte entspricht der in Kapitel 3.2.4 erörterten Auffassung von FRIEDRICH KROTZ, im Hinblick auf die zunehmende Bedeutung der Medien posttraditionale Vergemeinschaftungen als Netzwerke zu verstehen.

Einen Aspekt, den DETERDING in seiner Definition zudem anspricht und
der den Ausgangspunkt der weiteren Analyse innerhalb dieses Kapitels darstellt, ist der Verweis darauf, dass die Interaktion der Community nicht ausschließlich über einen medialen Knotenpunkt stattfindet. Stattdessen ist es
immer häufiger der Fall, dass mehrere Plattformen genutzt werden (vgl. VAN
EIMEREN/FREES 2009: 341).

Bei Recherchen auf diversen Plattformen zeigte sich, dass das Kommunikationsnetz der Flashmobber weit verzweigt und mehrdimensional ist.
Flashmobber informieren sich und andere nicht ausschließlich über den Inhalt einer Seite, sondern nutzen mehrere Web-2.0-Anwendungen parallel
bzw. zeitlich versetzt, um Ideen auszutauschen, Aktionen zu planen und diese anzukündigen.[77] Im Folgenden soll anhand von Beispielen die Phase der
Vorbereitung konkret erläutert und in diesem Zusammenhang der beschriebene Eindruck untermauert werden.

Flashmob-Communities

Wer sich für die Teilnahme an einem Flashmob interessiert, dem steht ein
breites Spektrum an Partizipationsmöglichkeiten zur Verfügung. *Flash-
mob.de*, *flashdas.de* und *mash-flob.com* sind nur ein Ausschnitt aus der Menge der Online-Communities, die sich ausschließlich der Vor- und Nachbereitung von Flashmobs widmen.[78] „VCs [Virtuelle Communities, J.J.] bilden
sich nicht um Technologien, sondern mit Technologien um ein geteiltes Interesse oder Bedürfnis" (DETERDING 2009: 121), so das Urteil von SEBAS-
TIAN DETERDING. Das Interesse der Flashmobber besteht vor allem im Aus-

---

77 Aufgrund dieser Einsicht wurde das Konzept dieses Kapitels noch einmal umgestellt.
   Bevor mir diese Vernetzungsstruktur bewusst wurde, war es mein Plan, die Aktivität
   der Flashmobber auf der sozialen Netzwerkseite *studiVZ* zu betrachten. Nach eingän-
   gigen Recherchen fiel mir jedoch auf, dass sich diese größtenteils auf die Bekundung
   eines Zugehörigkeitsgefühls beschränken, das durch den Beitritt zu einer bestimmten
   Gruppe wie bspw. *Flashmob Köln/Bonn* geäußert wird. Innerhalb dieser Gruppen
   werden Flashmobs größtenteils nur angekündigt. Die eigentliche Vorbereitung und
   Planung finden auf thematisch fokussierten Communities statt, die durch Verlinkungen auf weitere Webpräsenzen verweisen. Um dieser verästelten Kommunikationsstruktur gerecht zu werden, schien es mir unzureichend, nur eine Plattform vorzustellen, die außerdem noch wenig Einblick in die verschiedenen Facetten der Vorbereitung ermöglicht. Diese Beobachtung und Einsicht bildet die Grundlage, auf der
   das folgende Kapitel basiert.

78 http://www.flash-mob.de/ [20.05.2010]; http://www.flashdas.de/ [20.05.2010];
   http://www.mashflob.com/ [20.05.2010]

tausch mit Gleichgesinnten und der gemeinsamen Planung zukünftiger Aktionen. Wie bei den Künstlern der Performance Art (vgl. Kapitel 3.1.3) ist es
auch die Intention der Flashmobber, durch die Vernetzung Wissen untereinander auszutauschen und so innovative Ideen gemeinsam umsetzen zu können. Die genannten Online-Plattformen bieten hierfür eine adäquate Anlaufstelle. Sie haben in erster Linie eine integrierende Funktion, indem sie als ein
Knotenpunkt für Flashmobber aus ganz Deutschland (*flashdas.de, flash-
mob.de*) oder sogar weltweit (*mashflob.com*) fungieren.

Die Flashmob-Communities sind ein Beispiel für die zunehmende „Trans-
lokalisierung" (ebd.: 127). Dieser Begriff impliziert eine Entwicklung, nach
der territoriale Grenzen keine Hürde mehr für Vergemeinschaftungsprozesse
darstellen. Vielmehr organisieren sich die Mitglieder nach „thematischen,
kulturellen und sozioemotionalen Affinitäten neu" (ebd.). ANDREAS HEPP
spricht in diesen Zusammenhang von „deterritorialer Vergemeinschaftung"
(vgl. HEPP 2006a: 280–297). Darunter subsumiert er diejenigen Gemeinschaften, „die sich als Netzwerk subjektiv gefühlter Zusammengehörigkeit
über verschiedene Territorien hinweg erstrecken" (ebd.: 283). Zum Zweck
der Übersichtlichkeit existieren innerhalb der deterritorialen Communities
jedoch lokale Bezüge als ordnende Funktionen, die es den Interessenten und
Mitgliedern erleichtern, einen Flashmob in ihrer Nähe zu finden und an seiner Planung mitzuwirken. So erscheint auf der Startseite von *flash-mob.de*
eine Auflistung von Foren, die jeweils mit dem Namen eines Bundeslandes
bezeichnet sind. Dies ist der Einsicht geschuldet, dass eine Vielzahl an Teilnehmern nicht nur nach Affinität, sondern auch nach ihrer räumlichen Nachbarschaft gruppiert werden kann (vgl. SHIRKY 2008: 196). Ein Aspekt, der
auf die parallele Verwendung verschiedener Web-2.0-Dienste verweist, tritt
durch die Aufmachung der *Mashflob*-Seite deutlich hervor: So enthält deren
Start-Seite das Logo eines blauen Vogelkopfes mit der Aufforderung *Follow
us on Twitter* sowie eine Verlinkung mit dem Titel *Mashflob on Facebook.*

Gemeinsam ist diesen Communities unter anderem die Zugangsvorausset-
zung. So wird von jedem Nutzer eine Registrierung unter Angabe eines beliebig wählbaren Benutzernamens, einer E-Mail-Adresse und eines Passworts
verlangt, um alle Kommunikationsmöglichkeiten nutzen zu können. Eine
wei-tere Gemeinsamkeit betrifft die Nutzer dieser Seiten. Sie können nach
MARIA GERHARDS et al. – die auf Basis empirisch gewonnener Daten eine
Typologie von Web-2.0-Nutzern erstellt haben – als „spezifisch Interessier-
te" charakterisiert werden: „Angehörige dieser Gruppe nutzen sowohl die
Mitgestaltungsmöglichkeiten des Web 2.0, um Informationen zu ihrem

speziellen Interesse in Wort, Bild und Ton zu verbreiten, als auch die Möglichkeit, sich mit Gleichgesinnten auszutauschen" (GERHARDS/KLINGLER/ TRUMP 2008: 141 f.). Dieser Austausch geschieht auf Basis virtueller, computergestützter Kommunikation (im engl. Computer Mediated Communication, kurz CMC). Nach MANUEL CASTELLS handelt es sich dabei um eine Interaktion innerhalb einer „realen Virtualität" (CASTELLS 2001a: 429). Diesen Begriff verwendet er, um darauf aufmerksam zu machen, dass unsere symbolische Umwelt in hohem Maße durch den Hypertext des Internets strukturiert ist, durch den sich die Menschen jeden Tag bewegen. „Die Virtualität dieses Textes ist tatsächlich eine entscheidende Dimension der Realität; sie stellt die Symbole und Icons bereit, mit denen und durch die wir denken und somit existieren" (ebd.).[79] Anstelle von zwei getrennten Lebensbereichen spricht sich CASTELLS somit für ein komplementäres Verhältnis von Virtualität und Realität aus – eine Einschätzung, die sich in der Organisationsstruktur des Flashmob widerspiegelt.

Flashmob-Community Hamburg

Um den Austausch über Communities eingehender darstellen zu können, wird nachfolgend die Flashmob-Community aus dem Großraum Hamburg, *flashmob-hh.de,* exemplarisch vorgestellt.[80] Aufgrund der relativ hohen Mitgliederzahl (1221, Stand vom 20.06.2011) im Vergleich zu deutschlandweit ausgerichteten Communities und der großen Bandbreite von Möglichkeiten hinsichtlich *symmetrischer Partizipation*[81] ist sie besonders geeignet, um den Ablauf der Vorbereitungsphase näher analysieren zu können.[82]

In fünf Schlagworten machen die Betreiber auf der Startseite deutlich, was dem Nutzer der Plattform geboten wird:

> „Bei uns könnt ihr ... bei Flashmobs mitmachen, Ideen vorschlagen, Flashmobs planen, Meinungen austauschen, Videos anschauen ... und das alles kostenlos!" (Quelle: http://flashmob-hh.de/, 2011)

---

79 Wenn in dieser Arbeit das Internet als virtuellen Raum beschrieben wird, basiert die Verwendung des Begriffs der Virtualität auf der hier beschriebenen Auffassung von MANUEL CASTELLS.

80 http://flashmob-hh.de/ [20.05.2010]

81 Symmetrische Partizipation bedeutet, dass die Nutzer nicht nur Nachrichten empfangen, sondern diese auch selbst erstellen und versenden können (vgl. SHIRKY 2008: 107).

82 Im Vergleich: Die deutschlandweit ausgerichtete Community *Flash-mob.de* hat 4.922 Mitglieder [Stand 20.06.2011].

Darüber hinaus ist ein Video eines vergangenen Flashmob zu sehen, das die Besucher der Seite ermuntern soll, Teil der Community zu werden. Anhand dieser Praxis wird deutlich, was RONALD HITZLER mit dem Aspekt der *Verführung* meint, den er als wesentliches Kennzeichen der posttraditionalen Vergemeinschaftung bestimmt (vgl. Kapitel 3.2.4). Das Mitmachen bei einem Flashmob basiert ausschließlich auf Freiwilligkeit. Ein Video, das einen besonders gelungenen Flashmob zeigt, die Teilnahme daran somit als erlebenswert darstellt, kann demzufolge solch einen „verführenden" Charakter haben.

Voraussetzung für die Mitgliedschaft ist eine Registrierung. Jedes registrierte Mitglied kann Forenbeiträge lesen, verfassen und kommentieren.[83] Zudem ist die Erstellung eines persönlichen Profils möglich. Hier können bestimmte Mitglieder auf die eigene Freundesliste gesetzt und zusätzlich zum gewählten *Nickname*[84] weitere Informationen preisgeben werden. So ist es beispielsweise möglich, den Benutzernamen durch grafische Elemente (Fotos, Bilder, Symboldarstellungen) zu bereichern und Angaben zur eigenen Person zu machen (Hobbys, Präferenzen). Die Aussagen zum Leben außerhalb des virtuellen Raums scheinen jedoch weniger wesentlich für die Flashmob-Community zu sein. Es dominieren Fragen zur Aktivität im WWW. So gibt es beispielsweise die Option, die persönliche *ICQ*-Nummer, die *Yahoo*-ID und den *AOL*-Webnamen anzugeben.[85] Auch nach der Adresse der eigenen Website wird gefragt. Demzufolge scheint primär die Vernetzung über die Plattform hinaus von zentraler Bedeutung zu sein.

Hierin spiegelt sich die wesentliche Stoßrichtung der Flashmob-Community wider: Im Mittelpunkt steht das gemeinsame Ziel und nicht die Selbst-

---

83 Als Nicht-Mitglied ist das Lesen der Einträge ebenfalls möglich. Die Leserschaft der Foren kann somit weitaus höher als die Anzahl der Mitglieder sein.

84 MARTINA SCHUEGRAF und STEFAN MEIER benennen in ihrem Aufsatz zur Chat- und Forenanalyse (SCHUEGRAF/MEIER 2005) drei wesentliche Funktionen des Benutzernamens bzw. Nickname. Nach ihrer Einschätzung dient er zum einen der Inszenierung der eigenen Online-Identität, zusätzlich ermöglicht er es den anderen Kommunikationsbeteiligten, die einzelnen Beiträge einem bestimmten User zuzuweisen. Zum anderen dient er dem Serversystem zur Wiedererkennung, sodass durch das Login mit dem Nickname dem User seine Nutzerdaten zugewiesen werden können (vgl. ebd.: 426 f.).

85 Dabei handelt es sich um verschiedene Chatsysteme, für die man eine Identifizierungsnummer oder einen Nickname benötigt, um sich einloggen zu können. Mithilfe dieser Nummer bzw. dem Namen ist es zudem möglich, nach einer bestimmten Person zu suchen und sie zu den eigenen Kontakten hinzuzufügen.

darstellung der einzelnen Teilnehmer. Im Unterschied zu sozialen Netzwerk-
seiten wie *studiVZ* oder *Facebook* spielt die Inszenierung der eigenen Person
für die Community-Mitglieder nur eine marginale Rolle. Dies zeigt sich
neben den wenigen Möglichkeiten zur Persönlichkeitsdarstellung auch anhand der tatsächlich vorhandenen grafischen Ausgestaltung des Profils. Nur
eine verschwindend geringe Zahl von Mitgliedern hat ein Foto von sich
selbst als Motiv gewählt. Größtenteils bleibt dieser Platz leer oder wird durch
ein Bild von einer Objekt- oder Symboldarstellung gefüllt. Neben der
Schwerpunktsetzung auf das Moment der Vernetzung und der Verfolgung
eines gemeinsamen Ziels kann hinter dieser Praxis noch eine andere Motivation vermutet werden: Die Anonymität bedeutet auch einen Schutz vor even-
tuellen juristischen Konsequenzen. Ohne die Angabe des richtigen Namens
und eines Fotos der eigenen Person ist es kaum möglich, die Profilseite einer
bestimmten Person zuordnen zu können (Abbildung 4).[86]

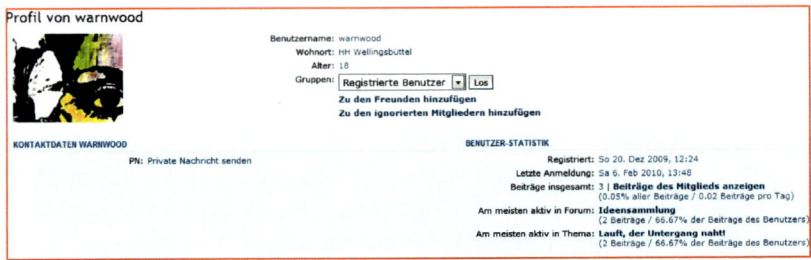

Abb. 4 Nutzerprofilseite von *warnwood* auf der Website der Flashmob-Community
Hamburg (Quelle: http://flashmob-hh.de/phpBB3/memberlist.php?mode=view-
profile&u=734 [15.05.2010; Zugriff nur nach Anmeldung])

  Neben der Erstellung des Nutzungsprofils, das auf freiwilligen Angaben
beruht, stehen dem User der Seite diverse Optionen zur symmetrischen Partizipation zur Verfügung: Die gemeinschaftliche Planung von Flashmob-

---

86 Ein Warnsignal wird wohl auch das Ereignis in Westerland auf Sylt am 13.6.2009
   gewesen sein. CHRISTOPH STÜBER hatte über ein Soziales Netzwerk zu einem Party-
   Flashmob aufgerufen und mit ca. 100 Gästen gerechnet. Obwohl die Polizei und das
   Ordnungsamt bereits im Vorfeld von der Party erfuhren und gewisse Vorkehrungen
   trafen, eskalierte die Situation. Mehr als 13.000 Partyfreudige kamen mit Bus und
   Bahn angereist und hinterließen ein großes Chaos. Das Ordnungsamt stellte CHRIS-
   TOPH STÜBER den entstandenen Sachschaden in Höhe von 20.000 Euro in Rechnung.
   Ob er für den Schaden aufkommen muss, ist noch ungeklärt. Bislang existiert noch
   kein ähnlicher Fall, in dem ein Urteil gesprochen wurde. – Vgl. AICHNER (2010).

Aktionen ist ebenso möglich wie die Veröffentlichung eigener Ideen für zukünftige Performances. Darüber hinaus können sich die User über kommende und vergangene Ereignisse informieren und austauschen. Die Voraussetzung für die verschiedenen Kommunikationsoptionen ist in technischer Hin-
sicht durch die Kommunikationsstruktur der Seite gegeben. Sie verfügt über
drei Standardfunktionen, über welche die User zueinander in Kontakt treten
und Informationen erhalten können.[87] Die zentrale Instanz der Flashmob-Community Hamburg ist das Forum mit seiner Verzweigung in diverse Rubriken.[88] Ein Klick auf die Profilseiten eines Nutzers ermöglicht darüber hinaus
das Versenden privater Nachrichten. Zudem existiert ein Community-inter-
ner Newsletter, der an die E-Mail-Adressen der Nutzer versendet wird und
aktuelle Ankündigungen zu kommenden Flashmobs enthält. Dieser komplet-
tiert die Kommunikationsstruktur der Seite; weitere Optionen wie z. B. ein
Chat existieren nicht. Die Plattform verfügt demnach über eine Interaktions-
struktur auf Basis computervermittelter Kommunikation, die sowohl in Form
von *einer an viele* (im engl. one-to-many, kurz 1:M, innerhalb der Foren-
kommunikation und der Newsletter) möglich ist, wie auch die Konstellation
einer an einen (im engl. one-to-one, kurz 1:1, hinsichtlich der Versendung
privater Nachrichten) beinhaltet (vgl. SCHUEGRAF/MEIER 2005: 426).

Innerhalb des Forums sind die Rubriken mit den Titeln *Planung, Ankündigung* und *Ideensammlung* zentral für die Phase der Vorbereitung. Hinter
diesen drei Themenblöcken verbergen sich drei Sequenzen dieser Phase, die
zeitlich aufeinander folgen. Die Ideensammlung stellt dabei die erste Stufe
dar, in der neue Einfälle diskutiert werden. Darauf folgen die Planung und
schließlich die Ankündigung eines Flashmob. Jedoch durchläuft nicht jeder
Flashmob alle Phasen. So werden einige Flashmobs offline, beispielsweise
im Freundeskreis, geplant und im Anschluss auf der Seite angekündigt.[89]

---

87 Bezüglich der Kommunikationsstruktur wurden die Ausführungen von MAROTZKI
   (2003: 10 f.) herangezogen. Er beschreibt die Kommunikationsstruktur einer Website
   als eine technische Struktur, die festlegt, welche Möglichkeiten den Usern einer Community zur Verfügung stehen, um miteinander kommunizieren zu können. Zu den
   gängigen Funktionen zählt MAROTZKI Chat, E-Mail und Board bzw. Forum.

88 http://flashmob-hh.de/phpBB3/ [20.05.2010]

89 Dies ist auch der Grund, warum es nicht möglich war, einen bestimmten Flashmob
   von seiner Ideenfindung bis hin zu seiner Ankündigung zu verfolgen. Täglich werden
   neue Ideen gepostet, die jedoch häufig nicht weiterverfolgt werden – oder Flashmobs
   werden, wie beschrieben, schon im Vorfeld und offline so weit geplant, dass sie über
   das Forum direkt angekündigt werden.

Das Thema *Ideensammlung* weist mit 165 Unterthemen und 1.432 Beiträgen den am stärksten frequentierten Bereich des Forums auf.[90] Hinter Überschriften wie *Time Warp, Twist Mob* und *Flashmob Kreisverkehr* verbergen sich die vielfältigen Einfälle für mögliche zukünftige Aktionen. Auf die Diskussion zu der letztgenannten Idee soll intensiver eingegangen werden, um herauszustellen, welche grundlegenden Fragen in der Phase der Vorbereitung geklärt werden müssen. Um die Leser von der eigenen Idee zu begeistern, werden häufig Videos in den Forenbeitrag eingebunden, die einen Flashmob zeigen, der der eigenen Idee ähnelt. So schreibt ein User mit dem Pseudonym *penny-lane* am 22. März 2009: „Hab ich eben gefunden und mich todgelacht."[91] Im Anschluss an diese Aussage folgt ein Video mit dem Titel *Flashmob Lübeck Kreisverkehr*, das von der Videoplattform *YouTube* stammt und an dieser Stelle eingebettet wurde. Es zeigt eine Gruppe von Radfahrern, die in einen Kreisverkehr hineinfahren und anstatt diesen gleich wieder zu verlassen, Runde um Runde drehen und so den Verkehr über mehrere Minuten lahmlegen. *Penny-lanes* Vorgehensweise, bereits existierende Medieninhalte neu zu kombinieren, wird im Kontext des Web 2.0 als *Mashup* bezeichnet.[92] Die URL des Videos wurde von *penny-lane* kopiert, um sie dann an geeigneter Stelle einzufügen. In dieser Praxis spiegelt sich eine weitere Dimension der Kommunikationsstruktur wider, die durch die sozio-technische Umgebung der Seite (vgl. BUCHER et al. 2008: 49) ermöglicht und von den Usern genutzt wird. Die Forumsdiskussion ist demnach nicht nur eine rein schriftliche Kommunikationsform, als die sie MARTINA SCHUEGRAF und STEFAN MEIER beschreiben, sondern multimodal (vgl. SCHUEGRAF/MEIER 2005: 425).[93]

Penny-lanes Kommunikationsbeitrag, der mithilfe des Mediums der Sprache sowie des Bildes erfolgt, verfügt über eine starke Überzeugungskraft. Allein der Vorschlag, einen Flashmob in einem Kreisverkehr zu veranstalten,

---

90 Stand: 15.05.2010

91 Für diesen und die folgenden Forenbeiträge siehe: http://flashmob-hh.de/phpBB3/ viewtopic.php?f=7&t=33 [15.05.2010] (archiviert durch *WebCite* unter http://www.web-citation.org/5qqKFZciD).

92 Vgl. *Wikipedia*: http://de.wikipedia.org/wiki/Mashup_%28Internet%29 [20.06.2011]. JAN SCHMIDT bezeichnet sie als ein typisches Merkmal des Web 2.0. Möglich wird diese Kombination durch die Modularität vieler Anwendungen, die durch offene Schnittstellen miteinander gekoppelt werden können (vgl. SCHMIDT 2008: 23).

93 Zum Aspekt der Multimodalität vgl. BUCHER et al. (2008: 50).

wäre für den Leser wenig aufschlussreich. Eine lange Erklärung wäre nötig. Durch das Video erhält die Idee ihre visuelle Entsprechung und suggeriert dem Betrachter: Dieser Plan ist in die Tat umsetzbar und verspricht ein tolles Erlebnis. Was in dieser Videobotschaft jedoch auch mitschwingt, ist der Wunsch nach Distinktion. Das ephemere Ereignis ist ohnehin nicht exakt wiederholbar. Das Ziel muss es daher sein, *besser* zu sein als die Vorgänger – das heißt vor allem, *mehr* Teilnehmer zu mobilisieren. Auf das Video-Posting erfolgt ein weiterer Wortbeitrag mit der ironischen Frage an die Community: „Haben wir überhaupt irgendwo so einen ‚kleinen Kreisel'?" Damit ist die Idee zur Diskussion freigegeben. Es entwickelt sich ein interaktiver Prozess, der sich in Form interpersonaler Kommunikation auf Basis der Antwortbeiträge konstituiert. Diese reichen von reiner Zustimmung: „Fänd ich ne coole idee, wäre auch dabei 😊" über kritisches Hinterfragen des Beitrags bis hin zu konkreten Vorschlägen zu dessen Umsetzung. Die Struktur der Kommunikation ist asynchron, die erste Antwort durch *Paschi* erfolgt etwa zwei Stunden nach *penny-lanes* Beitrag.[94] Er nennt den Klosterstern als möglichen Kreisverkehr, den man für die Aktion nutzen könne und regt an, diesen doch einmal genauer zu begutachten.

Direkt im Anschluss verweist *Chemie* auf die rechtliche Dimension der Aktion. Er postet einen Auszug aus der Straßenverkehrsordnung und stellt die Frage an die Community, ob es sich bei dem *Kreisverkehr-Flashmob* um eine Verletzung der StVO handeln könnte. Eine Antwort folgt erst einige Monate und Beiträge später von *Carli*. Sie gibt Entwarnung und merkt an, dass aufgrund der Flüchtigkeit des Flashmob keine Verletzung der Verkehrsordnung vorliegen würde. An diesem zeitversetzten Dialog wird ein wichtiges Moment der vernetzten Kommunikation ersichtlich: der Aspekt des *sharing*.[95] Die Aussagen von *Carli* und *chemie* machen deutlich, dass Informa-

---

94 Der Antwortbeitrag enthält neben der Angabe des Namens auch die Metadaten des Datums und der genauen Uhrzeit.

95 MIRIAM MECKEL beschreibt in ihrem Aufsatz „Aus vielen wird das Eins gefunden – wie Web 2.0 unsere Kommunikation verändert" (MECKEL 2008) den Kommunikator im Netz als Person, die sich auf drei Ebenen aktiv zeigt. Neben dem Aspekt des *sharing* gehören *express* und *connect* zu den wichtigsten Funktionen der Netznutzung. *Share* bezeichnet das Moment des Austausches. Es steht für den Wunsch der User, Informationen, Meinungen und Wissen von Anderen zu erhalten und im Gegenzug Informationen zur Verfügung zu stellen. *Express* steht für die Praxis, sich selbst und den eigenen Interessen Ausdruck zu verleihen, während *connect* die Vernetzung und den Austausch mit anderen Nutzern und Gleichgesinnten beschreibt. Neben dem *sharing*

tionen und Meinungen anderer zunächst rezipiert werden. Gleichfalls geht es
den Teilnehmern der Diskussion aber auch darum, eigenes Wissen zur Verfügung zu stellen. Weitere Beiträge beschäftigen sich primär mit der Qualität
der Idee. Während *Eejit* diese lobt: „An diesem flashmob find ich besonders
genial, dass die zivilisten direkt betroffen sind, weil sie aufgehalten werden
...", zitiert *funky* zunächst diese Aussage, um dann direkten Bezug darauf zu
nehmen:

> „*EEJIT hat geschrieben:* an diesem flashmob find ich besonders genial, dass
> die zivilisten direkt betroffen sind, weil sie aufgehalten werden ...
>
> Geht's nur mir so, oder ist das nicht eher ein Nachteil? Klar, ein Flashmob soll
> Aufmerksamkeit erregen und ein FM ohne Zuschauer ist langweilig, aber man
> sollte sie doch nicht zwingen zuzuschauen ...!"

In der direkten Bezugnahme auf die Aussage des Users *Eejit* wird das soziale
Moment der Community besonders deutlich. Es zeigt sich immer dann, wenn
ein User inhaltlichen Bezug auf einen Vorredner nimmt und/oder ihn persön-
lich anspricht (vgl. Stegbauer 2005: 207). Das Posting eines zweiten Videos
durch *Fina* kann in diesem Zusammenhang als direkte Reaktion auf den
zweiten Beitrag von *Paschi* gesehen werden. Unter das Video mit dem Titel
Flashmob Hamburg Klosterstern schreibt sie: „Moin, so eine Aktion gab es
doch gerade im Herbst im Klosternsternkreisel."

Die aufgeführten Text- und Bildbeiträge veranschaulichen, dass die Phase
der Ideenfindung zwei zentrale Aspekte enthält: Zum einen steht die Frage
nach dem qualitativen Gehalt der Idee im Vordergrund: Wie ist die Resonanz
der Community – wird der Vorschlag gemocht oder abgelehnt? Zum anderen
wird über die Durchführbarkeit der Idee diskutiert: Welcher Ort ist geeignet?
Welche Probleme könnte es geben? Gab es diesen Flashmob eventuell schon
früher? Dies sind wichtige Fragen, die vor Beginn der Planung eines Flashmob beantwortet werden müssen. *Funky* und *Fina* fungieren in dem aufgeführten Beispiel als Kontrollinstanzen. Während *Funky* auf das Wesen eines
Flashmob verweist und die Idee kritisch hinterfragt, macht *Fina* darauf aufmerksam, dass diese Idee zu einem früheren Zeitpunkt bereits in Hamburg umgesetzt wurde. Dennoch wird der Vorschlag auch noch über ein Jahr nach
dem ersten Beitrag weiter diskutiert, Das zeigt, dass zwischen der erstmali-
gen Äußerung einer Idee und ihrer Umsetzung sehr viel Zeit vergehen kann –
falls es überhaupt zu einer Realisierung kommt. Dies liegt vor allem an der

---

ist für die Beschreibung der virtuellen Aktivitäten der Flashmobber vor allem der
letztgenannte Aspekt wesentlich. – Vgl. MECKEL (2008, 22 f.).

Menge der Ideenvorschläge, zudem fehlt es häufig an ihrer Konkretisierung. Die Vor- und Nachteile der Idee werden abgewogen, ohne jedoch zu einem eindeutigen Ergebnis zu gelangen. Dieser Aspekt scheint die Hauptproblematik innerhalb dieser Phase darzustellen, was ein Blick auf andere Debatten zeigt, die ähnlich ablaufen und ebenfalls meistens an einem bestimmten Punkt abbrechen und nicht weiter verfolgt werden. Dies liegt auch an der großen Anzahl derjenigen Mitgliedern, die sich nicht aktiv beteiligen und die Diskussionen innerhalb der diversen Rubriken des Forums lediglich passiv verfolgen.[96]

Konkreter wird es erst in der *Phase der Planung*, die bezüglich ihrer zeitlichen Dimension an die Ideenfindung anschließt. Auch für diese gibt es, wie bereits erwähnt, eine eigene Rubrik, in der sich die Mitglieder austauschen können. Die Idee ist in diesem Stadium bereits gereift und steht nicht mehr zur Debatte. Primär geht es den Usern um die Beantwortung ganz konkreter Fragen und um Hilfestellungen bei der Durchführung des von ihnen geplanten Flashmob (Abbildung 5).[97]

Vögleinflashmob

von **Alinchen** » Di 30. Mär 2010, 18:36

Hallihallöchen

Ich möchte hier meinen Flashmob planen und brauche dazu **eure** Unterstützung!
Die Idee ist simpel:
Auf das Kommando: Flieg, Vöglein, flieg! fangen wir alle an Vögel darzustellen. Ob ihr nun ein blindes Huhn seit, dass sein Korn nicht findet oder wie ein Adler durch die Gegend fliegt. Es ist ziemlich egal, hauptsache ihr stellt ein Fliedertier dar.
Ich denke, Vögelgezwitscher ist dabei auch erlaubt. Über ein Schlusskommando bin ich mir noch nicht ganz einig und auch da bräuchte ich eure Unterstützung.
Zudem wäre es toll, wenn jemand, der schon Mal einen Flashmob organisiert hat mir helfen könnte, alles zu planen.
Ich hoffe diese Idee hatte noch keiner und ihr könnt mir weiter helfen 😊
Wo und wann alles stattfindet können wir ja auch gemeinsam entscheiden.
LG Alinchen

Abb. 5 Beitrag von *Alinchen* in der Rubrik Planung
(Quelle: http://flashmob-hh.de/phpBB3/viewtopic.php?f=8&t=674 [20.05.2010])

Auf den Eintrag von *Alinchen* folgen Tipps für eine gelungene Umsetzung. Vor allem erfahrene Flashmobber melden sich zu Wort und berichten von vergangenen Aktionen. Auf *Alinchens* Frage nach einem geeigneten Schlusskommando lautet die Antwort des Users *Haruspex*:

„Zu der Kommandosache: Prinzipiell ne gute Idee, dann wissen auch die Passanten umso mehr, was wir darstellen. Jedoch hat sich ein gerufenes Signal

---

96 Ein Blick auf die Mitgliederleiste gibt Aufschluss über die Beiträge, die der Einzelne verfasst hat. Hier wird deutlich, dass sich nur ca. ein Drittel der User aktiv beteiligt.

97 Für die folgenden Forenbeiträge siehe: http://flashmob-hh.de/phpBB3/viewtopic.php?f=8&t=674 [20.05.2010] (archiviert durch *WebCite* unter: http://www.webcitation.org/5r4eM3GbD).

beim letzten Flashmob als problematisch herrausgestellt – man hat die Signale schlichtweg nicht gehört. Was denkt ihr, ganz allgemein, nicht nur auf diesen FM bezogen, über eine Kombination aus Pfiff und Ruf?"

Es folgen weitere Vorschläge für ein geeignetes Signal, zudem wird die von *Alinchen* angeregte Frage nach einem geeigneten Datum diskutiert. Zu keinem Zeitpunkt wird die Idee als solche infrage gestellt. Dahinter lässt sich eine bestimmte Haltung der Community vermuten, die auf dem Konsens zu beruhen scheint, dass jeder das Recht hat, einen eigenen Vorschlag zu realisieren und für die Umsetzung mit Unterstützung rechnen kann.

Dies wird auch durch die Debatte deutlich, die sich um das Thema *Paten bei Flashmob-Planung* entspinnt.[98] Hier wird von den Usern diskutiert, inwiefern es sinnvoll sein könnte, unerfahrenen Flashmobbern als Pate zur Seite zu stehen und ihnen bei der Umsetzung ihrer Ideen zu helfen. Der Aspekt des *sharing*, der für die Rubrik der Ideensammlung bereits näher erläutert wurde, wird hier erneut sichtbar. Wissen wird demnach von erfahrenen an unerfahrene Flashmobber weitergegeben und durch die öffentliche Diskussion auch für passive Forum-Nutzer erschließbar. Vordergründig scheint damit in erster Linie das Ziel verfolgt zu werden, durch das *Wissens-Sharing* mehr Aktionen möglich zu machen. Dahinter verbirgt sich jedoch noch eine weitere Komponente: Durch den kooperativen Austausch untereinander wird die Identität der Community gestärkt (vgl. SHIRKY 2008: 50).

Nach intensiver Besprechung und Planung (die – wie bereits erwähnt – nicht bei jedem Flashmob online stattfindet) folgt die *Ankündigung* des Flashmob innerhalb der gleichnamigen Rubrik des Forums.[99] Zu diesem Zeitpunkt hat sich eine „Organisationselite" (HITZLER/BUCHER/NIEDERBACHER 2005: 27) eines bestimmten Flashmob herauskristallisiert, welche den Community-Mitgliedern in einer öffentlichen Nachricht die wesentlichen Informationen mitteilt (siehe Abbildung 6).

---

98 http://flashmob-hh.de/phpBB3/viewtopic.php?f=8&t=359 [20.05.2010]

99 http://flashmob-hh.de/phpBB3/viewforum.php?f=6&sid=
   1e349f5bdfbe01772739673cdd421cca [20.05.2010]

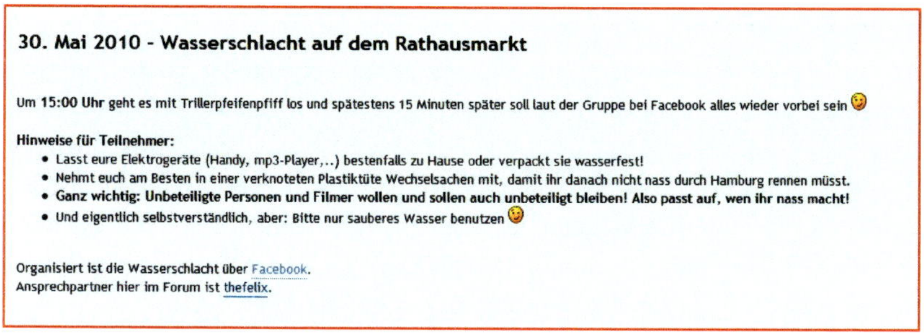

30. Mai 2010 - Wasserschlacht auf dem Rathausmarkt

Um 15:00 Uhr geht es mit Trillerpfeifenpfiff los und spätestens 15 Minuten später soll laut der Gruppe bei Facebook alles wieder vorbei sein 😊

Hinweise für Teilnehmer:
- Lasst eure Elektrogeräte (Handy, mp3-Player,..) bestenfalls zu Hause oder verpackt sie wasserfest!
- Nehmt euch am Besten in einer verknoteten Plastiktüte Wechselsachen mit, damit ihr danach nicht nass durch Hamburg rennen müsst.
- **Ganz wichtig: Unbeteiligte Personen und Filmer wollen und sollen auch unbeteiligt bleiben! Also passt auf, wen ihr nass macht!**
- Und eigentlich selbstverständlich, aber: Bitte nur sauberes Wasser benutzen 😊

Organisiert ist die Wasserschlacht über Facebook.
Ansprechpartner hier im Forum ist thefelix.

Abb. 6 Informationen zum Flashmob *Wasserschlacht* in der Rubrik *Ankündigung* (Quelle: http://flashmob-hh.de/phpBB3/viewtopic.php?f=6&t=713 [22.05.2010])

An dieser Stelle bietet sich ein Blick auf die Organisationsstruktur des Happenings an, da sich wesentliche Parallelen herausstellen lassen (vgl. Kapitel 3.1.1). Wie der Flashmob basiert auch das Happening auf einem Konzept. So versendete ALLAN KAPROW an potenzielle Teilnehmer seiner Aktionen einen Brief mit Handlungsanweisungen. Die Unterschiede zu den heutigen Flashmobs liegen zum einen in der Form des übermittelnden Mediums begründet sowie zum anderen in der Quantität der Rezipienten. Während KAPROW nur einer geringen Anzahl an ausgewählten Personen eine Nachricht zukommen ließ, ist es der Wunsch der Flashmobber, mit ihrer Nachricht möglichst viele Flashmob-Interessierte zu erreichen.

Neben dem Titel des Flashmob, der in diesem Fall keiner weiteren Erläuterung bedarf, gehören zu den grundlegenden Informationen Zeit und Ort sowie die Beschreibung des Startsignals. Für weitere Fragen steht darüber hinaus der Organisator (oder ein Mitglied des Organisationsteams), in diesem Fall ein User mit dem Pseudonym *thefelix*, als Ansprechpartner bereit. Der Beitrag enthält zudem noch eine weitere Information, die auf ein wesentliches Merkmal der Kommunikationsstruktur der Flashmobber aufmerksam macht: *Organisiert ist die Wasserschlacht über Facebook*, so die kurze Notiz am Ende der Nachricht, die eine Verlinkung enthält, die den User von der Community-Seite fort und auf ein *Facebook*-Profil führt, das eigens für den Wasserschlacht-Flashmob eingerichtet wurde.[100]

---

100 http://www.facebook.com/?ref=home#!/group.php?gid=116762465018502&ref=ts [23.06.2010]

Vernetzung über Grenzen hinweg

Die Verlinkung zu *Facebook* bestätigt die zuvor aufgestellte These, die sich im Rahmen der Recherche zu dieser Arbeit bereits herauskristallisierte: Die Phase der Vorbereitung verläuft horizontal über mehrere Plattformen hinweg. Daraus resultiert ein weit verzweigtes Kommunikationsnetz, das sich zwischen den Flashmob-Teilnehmern aufspannt. Neben einem *Kommunikationszentrum* (in dem hier gewählten Beispiel die Flashmob-Community Hamburg) existieren weitere *Kommunikationszonen*, die über Verlinkungen miteinander verwoben sind. Allgemein lässt sich feststellen, dass innerhalb der Communities ein vielfältiger Austausch stattfindet, während soziale Netzwerkseiten wie *Facebook* und *studiVZ* vor allem für die Informationsverbreitung und die *Rekrutierung* potenzieller Teilnehmer genutzt werden. Dies funktioniert über die Erstellung von Gruppen, die meist von den Organisatoren eines Flashmob gegründet werden, um ihre Ideen zu verbreiten. Über die Präsenz auf diesen Internet-Plattformen ist es möglich, weitaus mehr Menschen zu erreichen und so eine möglichst hohe Teilnehmerzahl zu erzielen. Dies begründet sich zum Teil durch die hohe Mitgliederzahl,[101] entscheidend ist jedoch die Vernetzung der Mitglieder untereinander. Die dadurch mögliche „Mund-zu-Mund Propaganda" wirkt nach MIRIAM MECKEL wie ein „Multiplikations- und Verstärkungsinstrument" (MECKEL 2008: 20) für ein bestimmtes Thema.

Die Administratoren der Gruppe *Flashmob in Hamburg/Wasserschlacht* scheinen um das Potenzial von *Facebook* zur Kommunikationsbeschleunigung zu wissen und bitten in der Beschreibung der Gruppe: „Verschickt Einladungen an jeden, den ihr kennt, um möglichst schnell viele Teilnehmer zu bekommen." Dieser Wunsch scheint sich zu erfüllen. Bereits zwei Wochen vor dem Ereignis umfasst die Gruppe mehr als 10.000 Mitglieder. In Pinnwandeinträgen bringen sie ihre Freude über das anstehende Ereignis zum Ausdruck.

Am Tag des Flashmob erscheint letztlich jedoch nur ein Bruchteil der Gruppenmitglieder. Etwa 200 Teilnehmer versammeln sich auf dem Rathausplatz. Diese große Differenz zwischen Online-Zuspruch und Offline-Akti-

---

101 Nach Pressemitteilungen verzeichnete *Facebook* im August 2011 weltweit mehr als 750 Millionen aktive Mitglieder (vgl. http://www.facebook.com/press/info.php?statistics [26.08.2011]). Die Mitgliederzahl der drei Netzwerke *studiVZ*, *schülerVZ* und *meinVZ* umfasste nach Betreiberangaben im August 2011 rund 16,5 Millionen Mitglieder (vgl. http://www.studivz.net/presse [20.08.2011]).

vität ist symptomatisch für einen Großteil der Flashmob-Aktionen. Der Klick auf einen Teilnahmebutton ist schnell geschehen, die tatsächliche Teilnahme hingegen benötigt weit mehr Energie und Begeisterung für das Phänomen Flashmob. Häufig bleibt es daher bei einer Interessenbekundung in Form des Beitritts zu einer Gruppe. Dennoch kann die Menge an Interessierten als ein Indiz für die Popularität von Flashmobs sowie für das Potenzial des Web 2.0 für virale Botschaften gewertet werden.

Abschließend soll mit *Twitter*[102] ein Dienst vorgestellt werden, der aufgrund der Option zur *Echtzeitinformation* zu einem immer beliebteren Instrument in der Endphase der Vorbereitung eines Flashmob wird. Mit dem 2006 eingeführten Micro-Blogging-System ist es möglich, aktuelle kurze Nachrichten via SMS, Instant Messenger oder E-Mail zu verfassen. Diese Nachrichten, *Tweets* genannt, werden jenen *Twitter*-Usern angezeigt, die die Seite des Verfassers abonniert haben, oder wie es in der *Twitter*-Sprache heißt, *Follower* sind (vgl. ALBY 2008: 113 f.).[103] Auch die Flashmob-Community Hamburg verfügt über ihr eigenes *Twitter*-Profil. In ihrem Namen werden regelmäßig Nachrichten verfasst, die knappe Updates über zukünftige Aktionen enthalten (siehe Abbildung 7).

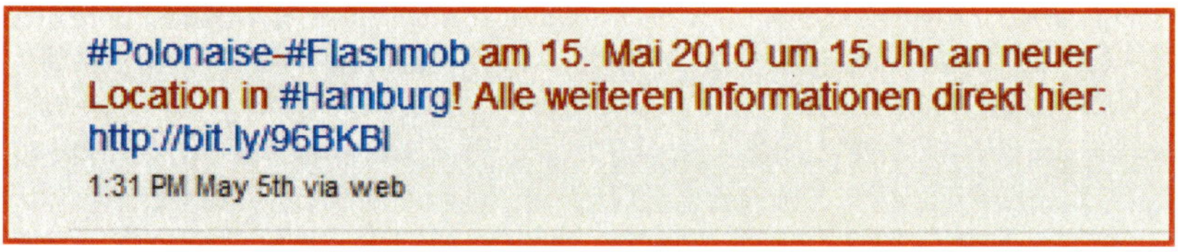

Abb. 7 Twitter-Update der Flashmob-Community Hamburg an ihre Follower (Quelle: http://twitter.com/FlashmobHamburg [22.05.2010])

Allgemein wird *Twitter* im Zuge der Vorbereitungsphase in erster Linie verwendet, um kurz vor einer Aktion wichtige Informationen, wie die genaue Uhrzeit und den exakten Treffpunkt, bekanntzugeben. Zudem ist es mithilfe dieses Dienstes möglich, in letzter Minute noch Freunde bzw. *Follower* zum Mitmachen zu mobilisieren. Die Verbreitung der Botschaft funktioniert über einen *Retweet*. Dahinter verbirgt sich das Wiederholen einer Nachricht, um diese an die eigenen Follower weiterzugeben. Möglich wird so eine schnelle Weiterleitung einer Nachricht, die potenziell für einen Schneeballeffekt sorgen kann.

---

102 http://twitter.com/ [25.05.2010]

103 *Twitter* wurde im März 2006 in San Francisco von der Firma *Obvious LLC* gestartet.

Leitmotiv: Netzwerk

Wer an der *Phase der Vorbereitung* eines Flashmob partizipieren möchte, benötigt vor allem eines: *Medienkompetenz*. Multimediale Kommunikation in Form von *Mashups* gehört ebenso zum Know-how der Flashmobber wie der Austausch über ein komplexes, weit verzweigtes Kommunikationsnetzwerk. Diese Praxis verweist auf ein wesentliches Merkmal posttraditionaler Vergemeinschaftungen, die ihr Zusammengehörigkeitsgefühl dadurch stärken, dass sie spezifisches Wissen ausbilden und spezielle Informationskanäle für den Austausch untereinander nutzen (vgl. HITZLER 2009: 64).

Die verschiedenen medialen Knotenpunkte wie Flashmob-Online-Communities, soziale Netzwerkseiten wie *Facebook* und *studiVZ* sowie *Twitter* sind über Links miteinander verknüpft und ermöglichen so eine mobile Kommunikation über die Grenzen der einzelnen Seiten hinweg. Dabei kann zwischen den aufgeführten Web-2.0-Anwendungen ein gradueller Unterschied hervorgehoben werden: Die aktiven Mitglieder einer Flashmob-Community begreifen die Performances als ihr Hobby, für das sie Zeit und Energie aufwenden, um sich auszutauschen, ihr Wissen auszubauen und dieses weiterzugeben. Vor allem die Organisatoren eines Flashmob bewegen sich kompetent auf verschiedenen Online-Diensten gleichzeitig mit dem Ziel, möglichst viele Teilnehmer für ihre Aktion zu begeistern. Dagegen sind diejenigen, die ausschließlich Mitglied einer Gruppe innerhalb eines sozialen Netzwerks wie *studiVZ* sind, weniger involviert und nicht an der Ideenfindung und Planung beteiligt. Sie erfahren erst im Moment der Ankündigung von der Aktion und weisen sich nach der Einschätzung MARC AMANNs über „inspirationsloses Konsumententum" (AMANN 2005: 191) aus.

Als Leitmotiv, welches der Phase der Vorbereitung zugrunde liegt, kann das *Netzwerk* angesehen werden. Mit Netzwerk ist hier eine Verknüpfung untereinander gemeint, die einen Austausch zulässt und sich dynamisch entwickelt. UWE HASEBRINK vom *Hans-Bredow-Institut* in Hamburg konstatiert: „Das Netzwerk ist zu einer dominierenden Sozialgestalt geworden [...], die ‚vernetzte Individualität' zu einem gesellschaftlich-kulturellen Leitbild" (HASEBRINK 2009). War diese Idee des Austauschs schon für die Akteure von Fluxus und der Performance Art wesentlich (vgl. Kapitel 3.1.2 und 3.1.3), lässt sich das Konzept des Netzwerks auch auf die Flashmobber übertragen. So erklärt HOWARD RHEINGOLD: "Social network means, that every individual in a smart mob [bzw. flashmob, J.J.] is a 'node' in the jargon of social network analysis, with social 'links' (channels of communication and social bonds) to other individuals" (RHEINGOLD 2002b: 170).

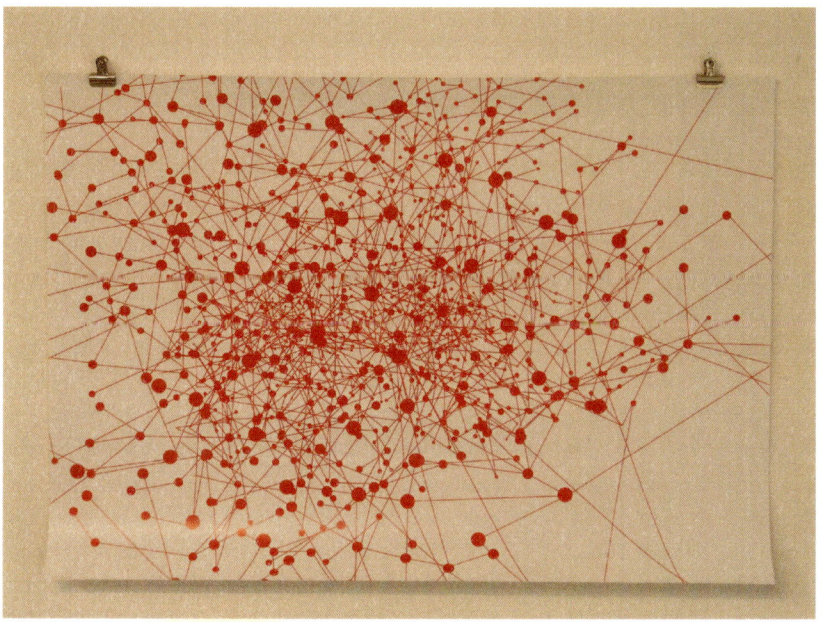

Abb. 8 Die Vernetzung der Flashmobber als Kunstobjekt   (Quelle: Ausstellung
MOB, die in der Galerie *Viktoria B* in Bonn stattfand, Foto: JULIA JOCHEM)

4.3   Phase der Durchführung

> *„Für alle Online-Netzwerke gilt, dass irgendwann der Zeitpunkt kommt,
> an dem ich aus dem Netz heraus, in den materiellen Raum gehen und
> Leute* face-to-face *treffen möchte."* (RICHARD/DIEDRICHSEN 2008: 188)

Für diese Aussage von BIRGIT RICHARD bilden auch die Flashmob-Communities keine Ausnahme – im Gegenteil. Die Rückanbindung an den urbanen
öffentlichen Raum ist für den Prozess „Flashmob" wesentlich. HANS-THIES
LEHMANN beschreibt den Stadtraum als „Möglichkeitsraum" (LEHMANN 2000:
29), der für die Intention der Flashmobber ideale Bedingungen bereitstellt:

> „In diesem überschneiden sich in besonderer Weise ein architektonischer Raum
> mit einem gesellschaftlichen, ein ästhetisch zu erblickender und ein körperlich-
> taktiler Raum, Wahrnehmung und soziale Praxis. Gehen wir dem Bild des
> urbanen Raums weiter nach, so erweist sich: er ist der Inbegriff einer Situation,

die die Begegnungen von und mit Fremden wahrscheinlich macht, er ist Inbe-
griff der Möglichkeit unerwarteter Konnexionen und Begegnungen. Es handelt
sich dabei vielleicht um Begegnungen auf kürzeste Zeit, in denen sozusagen alles nur in der Möglichkeit existiert, dadurch aber werden gerade unwahrschein-
liche Verknüpfungen und Begegnungen möglich." (ebd.: 27)

Während der virtuelle Raum für die Phase der Verabredung genutzt wird, um
das Konzept – oder wie JÖRG FRIELING in der Beschreibung der Happenings
erklärt – „die Partitur" (FRIELING 1997: 156) (vgl. Kapitel 3.1.3) zu erstellen,
ist der urbane öffentliche Raum der Schauplatz für die performative Handlung der Flashmobber. Der Moment des Übergangs – von WINFRIED MA-
ROTZKI als „spill-over Effekt" (MAROTZKI 2003: 15) bezeichnet – fällt mit
dem Tag zusammen, an dem die Performance aufgeführt wird. Zu diesem
Zeitpunkt treffen sich die Flashmobber das erste Mal außerhalb der virtuellen
Weiten, um gemeinsam den öffentlichen Raum zu erobern. Damit einher
geht auch eine Veränderung der Gemeinschaft: Sind die Flashmobber in der
Phase der Vorbereitung dezentral, in Form einer „deterritorialen Vergemeinschaftung" (HEPP 2006a: 282) über Communities und soziale Netzwerkseiten
organisiert, erfährt ihre Verbindung im Augenblick des Zusammenkommens
an einem bestimmten lebensweltlichen Ort eine lokale Zentrierung: Aus der
„deterritorialen" wird im Moment der Aufführung eine „territoriale Vergemeinschaftung" (ebd.: 282).

Abb. 9 Die räumliche Zentrierung in der Aktion (Quelle: Ausstellung *MOB*,
die in der Galerie *Viktoria B* in Bonn stattfand, Foto: JULIA JOCHEM)

Ist die Phase der Verabredung für Außenstehende nicht einsehbar, so werden die Flashmobber im Moment der Aktion für sich selbst und andere zum wahrnehmbaren Kollektiv. Für die vorbeikommenden Passanten erscheinen sie wie aus dem Nichts, scheinbar urplötzlich und spontan. Wie von ALLAN KAPROW für die Wahrnehmung der Happenings konstatiert, ist auch hier den Zuschauern nicht bewusst, dass es ein festes Konzept gibt, nach dem die Akteure agieren. Wie viel Aufsehen ein Flashmob tatsächlich erregt, ist primär abhängig von der Teilnehmerzahl. Diese variiert sehr stark von Aktion zu Aktion. Während einige Performances von mehr als tausend Teilnehmern durchgeführt werden und ebenso viele Passanten zum Stehen bleiben, Staunen und „Festhalten" per Handy oder Digitalkamera verleiten,[104] stoßen andere Flashmobs mit geringer Beteiligung auf wenig Interesse bei ihrer Umwelt.[105]

Daher lässt sich eine Fokussierung auf bestimmte populäre Themen erkennen, die eine hohe Teilnehmerzahl versprechen. Primär sind dies die *Dancemobs*, die sich einer immer größeren Beliebtheit erfreuen und sich rund um den Globus etabliert haben. Hier performen die Teilnehmer zu einem einzelnen oder einem Mix aus bekannten Popsongs. Dabei rekurrieren die Körperbewegungen auf bekannte Bilder, die aus Musikvideos oder den Cheerleader-Darbietungen bei großen Sportveranstaltungen bekannt sind, und repräsentieren damit einen Teil unserer visuellen Kultur.[106] Während es hier vor allem die Masse der Teilnehmer ist, die beeindruckt, zeichnen sich die ebenfalls sehr populären Flashmobs mit den Themen *Banana Bang* und *Freeze* durch ihre Kuriosität aus. Zwar verweisen sie nicht auf aktuelle mediale Vorbilder, indem die Aktionen jedoch digital gespeichert und auf Videoplattformen veröffentlicht werden und einige bereits millionenfach angesehen wurden, verfügen sie selbst über das Potenzial, visuelle Kultur zu prägen.

Nach diesem kurzen Überblick soll die Phase der Durchführung nun am Beispiel der *Freeze-Flashmobs* verdeutlicht werden. Als Quelle für die Analyse dienen die Videos der Aktionen, die auf der Contentplattform *YouTube*

---

104 Ein Beispiel dafür ist der MICHAEL JACKSON-Flashmob, der am 8. Juli 2009 in Stockholm stattfand. – Vgl. http://www.youtube.com/watch?v=fkvwrWMxThM&feature= PlayList&p=7ABC6E0483B099E3&playnext_from=PL&playnext=1&index=14 [06.06.2010].

105 http://www.youtube.com/watch?v=PYjy9cZaqs0 [06.06.2010]

106 http://www.youtube.com/watch?v=1PelVpLexDY [06.06.2010]

veröffentlicht wurden.[107] Zwei Aspekte sollen hier besonders hervorgehoben werden: Zum einen wird das Verhältnis von Akteuren und Zuschauern näher beleuchtet, welches die Medialität der Aktion bestimmt (vgl. FISCHER-LICHTE 2004b: 11). Hierfür wird der *Aufführungsbegriff* von ERIKA FISCHER-LICHTE bemüht, der bereits in Kapitel 3.3 kurz angesprochen wurde. Der Rhetorik des Theaters entlehnt, erfasst sie durch diesen Begriff den performativen Charakter von Kultur (vgl. ebd.). „Aufführung meint ein strukturiertes Programm von Aktivitäten, das zu einer bestimmten Zeit, an einem bestimmten Ort, von einer Gruppe von Akteuren vor einer Gruppe von Zuschauern durch- bzw. vorgeführt wird" (FISCHER-LICHTE 2003: 15). Darüber hinaus geht es um die Suche nach Zeichen der Subversion und die Frage, inwiefern der *Freeze*-Flashmob eine Störung im Alltag darstellt. Aufgrund der fehlenden Fachliteratur zu diesem Thema wird für die Beantwortung dieser Frage Literatur über die *Parkour-Szene*[108] herangezogen, da diese durch wesentliche strukturelle Ähnlichkeiten zu vorliegendem Untersuchungsgegenstand gekennzeichnet ist (vgl. MÖRTENBECK 2008). Ebenfalls hilfreich sind die Aussagen von HANS-THIES LEHMANN, der den urbanen Raum als neuen Möglichkeitsraum für das moderne Theater begreift (vgl. LEHMANN 2000: 27–29).

---

107 Die folgende Analyse beschränkt sich auf das Video des *Freeze*-Flashmob, der am 06.06.2010 im Kölner Hauptbahnhof stattfand, sowie auf die Aufzeichnungen des Flashmob-Tags in Hamburg. Am 26.09.09 fanden an vier verschiedenen Plätzen, zeitlich versetzt *Freeze*-Flashmobs statt:

1. Hauptbahnhof, http://www.youtube.com/watch?v=S5HvSAAOjYQ&feature=PlayList&p=5AE25 5AFED9101A7&playnext_from=PL&index=0&playnext=1 [06.06.2010]
2. Innenstadt, http://www.youtube.com/watch?v=j3rUy2OJiJg [06.06.2010]
3. Jungfernstieg, http://www.youtube.com/watch?v=dXRQfeAe9hs [06.06.2010]
4. Landungsbrücken, http://www.youtube.com/watch?v=5nCyXhAYl3Q [06.06.2010]

108 *Parkour* beschreibt eine neue Trendsportart, die aus riskanten Sprung-, Dreh- und Flugbewegungen besteht, mit deren Hilfe bauliche Hürden im öffentlichen Raum überwunden werden (vgl. MÖRTENBECK 2008).

FREEZE – „Wir sind heute eingefroren"[109]

Abb. 10 Bilder eines *Freeze*-Flashmob: Bewegung versus Stillstand
(Quelle: http://www.flickr.com/photos/alastairhumphreys/tags/freeze/ [26.05.2010])

Im Kölner Hauptbahnhof ist es das Geräusch einer Sirene, in Hamburg der Ruf „Wieso weiß eigentlich keiner, wie spät es ist?!", die das Startsignal für den *Freeze,* das Erstarren in der momentanen Bewegung, geben. Eine Umarmung, das Bücken nach heruntergefallenen Papieren, ein Keks, der der Person neben sich gereicht wird – die Gesten scheinen zu einem ewigen Au-

109 *Marina*, Teilnehmerin des *Freeze*-Flashmob in Hamburg; vgl. http://www.you-tube.com/watch?v=tgDYo80y6w0 [06.06.2010]

genblick geronnen. Auch die Mimik der Akteure wirkt, als sei sie in Wachs gegossen. Der gerade noch umherschweifende Blick, der nach einem Anzeichen für den Start der Aktion suchte, ist plötzlich erstarrt und fokussiert nur noch einen Punkt im Raum. Der Körper der Flashmobber gerinnt zum Objekt und wirkt wie Material (vgl. Kapitel 3.1.3). Nach wenigen Minuten ertönt sowohl in Hamburg als auch in Köln erneut ein Signal, welches das Ende der Performance bekannt gibt. Die Flashmobber lösen sich aus ihrer Erstarrung und fügen sich somit wieder in ihre Umwelt ein. In Köln applaudieren sich die Flashmobber selbst zu der gelungenen Aktion, in der Wandelhalle in Hamburg sind es die Zuschauer, die den Akteuren Beifall zollen. Daraufhin verstreuen sich die Akteure in die unterschiedlichsten Richtungen – so schnell und unerwartet, wie sie gekommen sind.

Die Idee für den „Aufstand gegen die verrinnende Zeit" stammt von CHARLIE TODD, einem New Yorker Schauspiellehrer, der 2001 das Comedy-Kollektiv *Improv Everywhere* gründete und seitdem den öffentlichen Raum mit seinen kreativen Ideen bespielt.[110] Im Januar 2008 erstarrten mehr als 200 Menschen in der *Grand Central Station* von New York. Seitdem wurde das Video der Aktion bereits mehr als 21 Millionen Mal auf *YouTube* angesehen und die Idee fand Nachahmer in aller Welt.[111]

Der Freeze-Flashmob als visuelles Ereignis

"The mobbers always come alone and leave alone, from and to different directions. The gathering must not happen before the established time. If they are too many persons going in the same direction, stop before a shop window, tie your shoe laces, look at the sky for a moment."[112]

Auch wenn sich nicht alle Akteure in voller Konsequenz an diese elfte Regel des Flashmob-Manifests halten, so verweist sie doch auf die grundlegende

---

110 Vgl. http://improveverywhere.com/ [26.05.2010]. Zu den bekanntesten Aktionen gehört *I Love Lunch!* In einem Einkaufszentrum nehmen Menschen ihr Mittagessen zu sich. Zwischen ihnen erheben sich plötzlich einige Personen von ihren Plätzen und beginnen zu singen. Ein scheinbar spontanes Musical erwächst daraus – zur Überraschung der Anwesenden, die zunächst völlig verwirrt sind, dann in Lachen ausbrechen und das Geschehen mit ihrem Handy filmen. Vgl. http://www.you-tube.com/watch?v=xRKfZ0mGLaY [06.06.2010].

111 Auf CHARLIE TODDs Blog hat er eine Landkarte veröffentlicht, auf der die verschiedenen Länder markiert sind, in denen bereits ein *Freeze*-Flashmob stattgefunden hat. Die einzelnen Städte sind allerdings erst rudimentär erfasst. Vgl. http://improvevery-where.com/2008/04/21/map-of-world-freeze-events/ [26.05.10].

112 Siehe Anhang, Punkt elf des Flashmob-Manifests.

Intention der Flashmobber: Die Inszenierung soll für die Passanten möglichst unsichtbar bleiben. Diese Haltung entspricht der Einstellung derjenigen Aktionskünstler, die den öffentlichen Raum als Aktionsraum nutzen, um hier auf ein Publikum von Laien zu treffen und so spontane, *echte* Reaktionen evozieren zu können (vgl. Kapitel 3.1.1 und 3.1.3). Besonders deutlich wird diese Plötzlichkeit in der Videoaufzeichnung des Kölner *Freeze*-Mob. Ein Kameraschwenk über den Vorplatz des Hauptbahnhofs und die Eingangshalle zeigt die typische Hektik der umhereilenden Reisenden, birgt jedoch keinerlei Hinweise auf die bevorstehende Performance. Nach einer langen schwarzen Blende, die einer zeitlichen Zäsur entspricht, erfolgt das Startsignal, der Vollzug der Handlung beginnt und die Außenstehenden werden des Ereignisses gewahr. Dadurch, dass der Flashmob, wie üblich, nicht offiziell angekündigt wurde, ist es den Passanten nicht möglich, eine Erwartungshaltung aufzubauen: Der *Freeze*-Flashmob „widerfährt" (FISCHER-LICHTE 2004b: 22) den Passanten, er stößt ihnen zu.

Aufgrund dieser Plötzlichkeit wird er als „gegenwärtig" und besonders „intensiv" erlebt (vgl. ebd.). Für ERIKA FISCHER-LICHTE ist der Prozess des Aufführens daher auch als „Ereignis" aufzufassen (vgl. ebd.: 22 f.). Konstitutiv für die Ereignishaftigkeit einer Aufführung ist zudem ihre Singularität. So ist beispielsweise die spezifische Konstellation zwischen Zuschauer und den Flashmobbern, welche für die Dauer der Aktion gegeben ist, nicht wiederholbar (vgl. ebd.: 22). Umgangssprachlich definiert sich ein Ereignis zudem über seine Außergewöhnlichkeit. Wie die popkulturellen Events resultiert die Ereignishaftigkeit des *Freeze*-Mob nicht nur aus seiner Plötzlichkeit, sondern auch aufgrund seiner Abkehr vom Alltag. „Damit ist [...] ein für Performances wie für Events durchgängiges Merkmal angesprochen: es ist die (nicht notwendig ästhetische) *Herausgehobenheit der Erfahrung*, die sich subjektiv deutlich gegen alltägliche Routinen absetzt" (KNOBLAUCH 2000: 42).

Um der Aufführung des *Freeze*-Flashmob gerecht zu werden, ist an dieser Stelle eine Präzisierung des Ereignisbegriffs erforderlich. Während ein Großteil aller Aufführungen auch über auditive Elemente verfügt, ist dies für den *Freeze*-Flashmob nicht der Fall. Kein Wort wird gesprochen, keine Musik dient zur Untermalung der Situation. Aufgrund dieser speziellen Merkmale erscheint hier der Begriff des *visuellen Ereignisses* treffender. So erwecken die wie „unbelebt" wirkenden Akteure den Anschein eines *lebenden Bildes* bzw. eines *Tableau Vivants,* das primär über den Sehsinn erfahrbar ist. Um 1800 war dies eine gängige Unterhaltungspraxis, die darauf basierte, bekannte Gemälde mit Personen nachzustellen (vgl. JOOSS 2004: 272). Wie auch für den *Freeze*-Mob entscheidend, sollte „allein das Resultat des gestellten Bildes, nicht der Prozess seiner Entstehung [...] sichtbar werden" (ebd.: 279). Als Performance aufgeführt, wird hier vor allem ein Widerspruch augenscheinlich: Der Vollzug einer Handlung besteht in ihrer Stillstellung. „Lebende Bilder lösen als ephemere Erscheinungen aufgrund der eklatanten Paradoxie von Leben und Stillstand Erstaunen aus" (ebd.: 300).

Der Freeze-*Flashmob als performativ-interaktives Ereignis*

Dass „lebende Bilder" immer Erstaunen auslösen, scheint sich am Beispiel der *Freeze*-Flashmobs jedoch nicht zu bewahrheiten. Sowohl in Köln als auch in Hamburg sind die Reaktionen der Passanten heterogen – einige gehen weiter, als wäre nichts geschehen. Ein Großteil verlangsamt jedoch seinen Schritt und dreht sich verwundert nach den Flashmobbern um. Weitere Passanten verharren und betrachten das Ereignis. *ThoGa,* ein Flashmobber aus Hamburg, der die Idee zu dem *Freeze*-Tag in Hamburg hatte und selbst daran teilnahm, beschreibt im Forum der Flashmob-Community Hamburg die Reaktionen der Passanten:

> „Unsere Flashmobs erzielten die gewünschte Wirkung. Die Nichtwissenden schauten verdutzt, aber belustigt, blieben stehen, fotografierten. Manchmal fielen Kommentare wie ‚Was ist denn hier los?', ‚Ey, die machen das extra!' oder ‚Gut, dass ich nicht aus Hamburg bin, die sind hier ja total bekloppt!'."[113]

Ohne diese Reaktionen wäre die Performance gehaltlos. PATRICIA, ebenfalls Teilnehmerin der Flashmob-Aktion in Hamburg, schreibt im Forum: „Am besten sind die Passanten die auch stehn bleiben, 'nen Schritt weiter gehen, wieder stehen bleiben, sich nicht traun sich zu bewegen ... 😊."[114] Wie für die Akteure von Happening, Fluxus und der Performance Art gezeigt, sind die Zuschauer auch für die Flashmobber essenziell. Erst durch die „leibliche Ko-Präsenz von Akteuren und Zuschauern" (FISCHER-LICHTE 2004b: 11) wird der *Freeze*-Flashmob legitimiert und in einem Wechselspiel aus aufeinander bezogenen Handlungen erzeugt.

> „Damit sie [die Aufführung, J.J.] zustande kommen kann, müssen zwei Gruppen von Personen, die als Handelnde und Zuschauende agieren [...], sich zu einer bestimmten Zeit an einem Ort versammeln und dort eine Situation, eine Spanne Lebenszeit miteinander teilen." (ebd.)

---

113 http://flashmob-hh.de/phpBB3/viewtopic.php?f=9&t=313 [02.06.2010]

114 http://flashmob-hh.de/phpBB3/viewtopic.php?f=9&t=313&start=40 [02.06.2010]
   (archiviert durch *WebCite* unter http://www.webcitation.org/5r2cU63FS)

Neben den Flashmobbern sind auch die Passanten Mit-Schöpfer des visuellen Ereignisses (vgl. Kapitel 3.1.1). Durch ihre Reaktionen entsteht ein
Moment der Interaktion, aus dem sich die Aufführung konstituiert (vgl. ebd.:
13). Entscheidend prägen diesen Austausch diejenigen Zuschauer, die aktiv
in das Geschehen eingreifen, indem sie sich zwischen den Akteuren hindurch
und um diese herum bewegen und dabei das Geschehen mit einer Digitalkamera oder dem Handy filmen.

Abb. 11 Aktion und Reaktion auf Video gebannt (Quelle: http://www.you-
tube.com/watch?v=j3rUy2OJiJg [06.06.2010]. Video Still, Minute 0:26)

Diese gegenseitige Beeinflussung von Zuschauern und Flashmobbern bezeichnet FISCHER-LICHTE als „autopoetische feedback-Schleife" (FISCHER-
LICHTE 2004a: 63). Durch sie wird evident, dass ein Flashmob zwar auf
einem Konzept beruht, der genaue Ablauf jedoch einen Prozess darstellt, der
nicht vollständig vorhersehbar ist (vgl. FISCHER-LICHTE 2004b: 13). „Was
immer die Akteure tun, es hat Auswirkungen auf die Zuschauer, und was
immer die Zuschauer tun, es hat Auswirkungen auf die Akteure und die anderen Zuschauer. In diesem Sinne entsteht die Aufführung immer erst in
ihrem Verlauf" (ebd.: 12).
So hält das Video des *Freeze*-Flashmob in der Hamburger Wandelhalle
den Moment fest, in dem sich ein Mann zu einem am Boden liegenden
Flashmobber herunterbeugt (vgl. ebd.: 13). Ob es sich dabei um reine Neu-

gierde handelt oder er sich um die Person sorgt, wird nicht ersichtlich. Generell bescheinigt ERIKA FISCHER-LICHTE dem aktiven Zuschauer einer Aufführung eine Form der Mit-Verantwortung (vgl. ebd.). Dieser Hinweis deckt sich mit der in Kapitel 3.1.3 aufgeworfenen These von SYBILLE KRÄMER, den Zuschauer einer Performance als Zeugen zu charakterisieren. Dieser Überlegung folgend, wäre das Filmen vieler Passanten als ein „Sammeln von Beweismitteln" zu werten. Dass sie im Moment des ungewöhnlichen Geschehens *live* vor Ort und Teil des Ereignisses waren, können sie dank der filmischen Aufzeichnung belegen. Neben dem Moment der Zeugenschaft wird hier noch ein weiteres wesentliches Merkmal von Flashmobs offensichtlich: das Zusammenspiel von Live- und mediatisierter Performance, auf das im Zuge der Analyse der Phase der Bilderwanderung noch näher eingegangen wird (vgl. Kapitel 4.4).

Der Freeze-Flashmob als soziale Praxis

Durch die, wenn auch nur flüchtigen Momente der Interaktion wird deutlich, dass Flashmobs als soziale Praxis beschreibbar sind, welche sich nicht nur in der Beziehung zwischen den Flashmobbern, sondern auch in deren Bezug zu den Zuschauern äußert. In Kapitel 3.2.4 wurde mit dem Konzept der *posttraditionalen Vergemeinschaftung* die Beziehung der Flashmobber zueinander bereits näher bestimmt. Dass diese in erster Linie auf einer „emotionalen Allianz" (KROTZ 2009: 164) beruht, wurde durch den Verweis auf die Ähnlichkeit mit Events deutlich, die sich primär über ein *Wir-Gefühl* definieren, welches dem gemeinschaftlichen Erlebnis entwächst. Voraussetzung für diese emotionale Nähe ist nach HUBERT KNOBLAUCH eine „Metakommunikation" (KNOBLAUCH 2000: 43) zwischen den Teilnehmern. Diese Kommunikation „muss nicht sprachlich sein, sie braucht nur körperliche, visuelle Kommunikation zu sein, die sich in Körperausdruck, Bewegungen, aber auch in Kleidung, Raumverteilung usw. manifestieren kann" (ebd.).

Konkret auf den *Freeze*-Flashmob übertragen, äußert sich diese Metakommunikation zum einen in der zeitgleichen Stillstellung der Körperbewegung. So erkennt der Kommunikationswissenschaftler CHRISTOPH NEUBERGER das gemeinschaftliche Moment in der „Synchronizität von vielen Leuten, die das gleiche machen [...]".[115] Allerdings muss hier die Einschränkung gemacht werden, dass die Flashmobber zwar zeitgleich, jedoch jeweils in

---

115 http://www.youtube.com/watch?v=1dzi8_fB7NM&feature=related [06.06.2010], Minute 1:56

einer individuellen Pose „gefrieren". Der *Freeze*-Flashmob bietet demnach eine sinnbildliche Umsetzung der vierten Aussage des Flashmob-Manifests: "The flash-mob is a sum of individuals, never a herd."[116]

Zum anderen lässt sich die Form der Vergemeinschaftung auch anhand der Raumverteilung ablesen. Die Flashmobber bilden eine Form von Aggregationszentrum, welches zwar durchlässig für die vorbeieilenden Passanten ist, sie aber dennoch zu einer eingeschworenen Gemeinschaft des Augenblicks werden lässt. Im Gegensatz zu einigen Happenings gibt es eine klare Trennung zwischen den Zuschauern und Flashmobbern. Durch ihre stillgestellten Körper symbolisieren sie eine innere Homogenitat, die sich gegen „Eindringlinge" von außen verwehrt. So sind die Zuschauer und ihre Reaktionen zwar unerlässlich für jeden Flashmob und haben die Rolle des Mit-Schöpfers inne, dennoch werden sie von den *Freeze*-Flashmobbern nicht direkt in die Performance integriert, respektive zur Partizipation aufgefordert. Die Flashmobber sind Komplizen, die über einen Wissensvorsprung gegenüber den zufällig vorbeikommenden Passanten verfügen. Sie wollen die Außenstehenden zwar unterhalten, zugleich aber auch verwirren. Diese Einschätzung deckt sich mit der Definition von posttraditionalen Vergemeinschaftungen, deren Zusammenhalt durch ein distinktives Wir-Bewusstsein stabilisiert wird (vgl. Kapitel 3.2.4). KATRIN BAUER zufolge zeichnet dieses Verhalten auch die Flashmobber aus. Die Teilnehmer, die primär aus Jugendlichen und jungen Erwachsenen bestehen, wollen ihrer Einschätzung nach ihre Andersartigkeit herausstellen, Außenstehende in Staunen versetzen und provozieren (vgl. MICHELS 2009).

Der Freeze-*Flashmob als subversive Praxis*

Der *Freeze*-Flashmob kann jedoch nicht nur als *Clash der Generationen* interpretiert werden. Wie RONALD HITZLER für den Charakter von Szenen konstatiert, enthalten diese immer auch subversives Potenzial (vgl. HITZLER 2009: 69). Diese Feststellung lässt sich nicht nur auf den *Freeze*-Flashmob, sondern auf Flashmobs im Allgemeinen übertragen. So können sie auch als eine *flüchtige Intervention im öffentlichen Raum* und als *Hack*[117] im Alltag

---

116 Siehe Anhang: Flashmob-Manifest.

117 Dieser Begriff bezieht sich auf den Titel des vierten *paraflows*-Festivals, das 2009 in Wien stattfand. Unter dem Motto „Urban Hacking"-Ideen wurden diverse Ideen zur Neugestaltung des öffentlichen Raums präsentiert. In dem dazu erschienenen Ausstellungskatalog beschreiben die Initiatoren den Raum als Text, der politisch aufge-

der vorbeikommenden Passanten interpretiert werden. „Die Performances
sind unkonventionell, brechen mit der Konformität des Alltags und der Ordnung der Dinge, machen sich auf subtile Weise über die Normalität lustig,
erweitern die Realität, indem sie unvorhersehbare Situationen schaffen"
(AMANN 2005: 190), so das Urteil MARC AMANNs über die Eigenschaften
von Flashmobs. In dem Verhalten der Flashmobber manifestiert sich eine
Form von Selbstermächtigung, den Raum nicht gemäß seiner üblichen Nutzung zu verwenden, sondern seine kreative Umgestaltung vorzunehmen.
Diese performative Umnutzung des Raums erinnert an die Praxis des *Détour-
nements*, das von den Mitgliedern der *Situationistischen Internationale* pro-
pagiert wurde und zur Selbstermächtigung des Einzelnen beitragen sollte
(vgl. WIEGMINK 2005: 41–46).

Die Flashmob-Performances decken sich in diesem Aspekt mit der
Parkour-Szene, die in den letzten Jahren die Städte im Laufschritt erobert hat
und deren Praxis von PETER MÖRTENBECK als „Hürdenläufe der Ermächtigung" (MÖRTENBECK 2008: 261) bezeichnet wird. Wie auch bei den Flashmobbern steht der eigene Körper im Mittelpunkt der Aktionen. Mit speziellen Sprung-, Dreh- und Flugbewegungen werden „Teile des Stadtraums tem-
porär in Besitz genommen" (ebd.: 260). Indem sie sich über räumliche Grenzen hinwegsetzen, die beispielsweise durch die Architektur vorgegeben sind,
schreiben sie den Text der Stadt um und formulieren ihn ihrer Intention ent-
sprechend (vgl. SCHNEIDER/FRIESINGER/*monochrom* 2009: 6). Am Beispiel
des *Freeze*-Flashmob soll dieser „Akt des Umschreibens" (MÖRTENBECK
2008: 265) exemplarisch verdeutlicht werden.

Stillstand benötigt die Bewegung als Kontrast, um sichtbar zu werden.
Alle vier Aktionen der Flashmobber fanden auf hoch frequentierten Plätzen
statt – Orte, die mit den Schlagwörtern *Mobilität*, *Flüchtigkeit* und *Dynamik*
charakterisiert werden können. Die Charakterisierung der Orte macht deutlich, dass Flashmobs in besonderem Maße ortsgebunden sind und Flashmobber wie die Akteure der *site-specific art* (vgl. KAYE 2000)[118] (einer be-
sonderen Form der *performance art*) mit ihrer Umgebung eine Symbiose

---

laden ist und damit unsere Handlungen organisiert. Als Text beinhaltet er jedoch
auch die Möglichkeit zu intervenieren und ihn umzuschreiben. – Vgl. SCHNEIDER/
FRIESINGER/*monochrom* (2009).

118 *Site-specific art* wird definiert als Kunst, „die für eine spezifisch räumliche Umgebung konzipiert ist, von der sie nicht getrennt werden kann, ohne dass sich ihre
Wahrnehmung und Bedeutung verändert" (GLESNER 2005: 160).

eingehen. Sowohl das Einkaufszentrum als auch der Hauptbahnhof sowie die Landungsbrücken werden als Passagen genutzt. Sie sind als *Transiträume* codiert, als Schleusen zu einem „Woanders". In besonderem Maße trifft dies auf Bahnhöfe zu, die von den Reisenden als Durchgangsstationen genutzt werden. Zugleich sind es aber auch Orte ungewöhnlicher Begegnungen. Bahnhöfe fungieren als Knotenpunkte, an denen sich für kurze Zeit Menschen aus allen Himmelsrichtungen für einen Augenblick treffen, um dann wieder auseinanderzuströmen. Sie weisen demnach wesentliche Parallelen zu der Phase der Durchführung eines Flashmob auf und sind insofern ein idealer Schauplatz für die Performances.

Die Dynamik der Orte spiegelt sich in deren Nutzungsweise wider, die mit einer bestimmten Wahrnehmungsgewohnheit einhergeht. Neben den beschriebenen Spezifika der Orte ist die moderne Wahrnehmung zusätzlich von einer Durchmischung von privatem und öffentlichem Raum geprägt. „Menschen unterwegs" telefonieren mit ihrem Handy oder checken ihre E-Mails, die Lieblingsmusik ertönt über Kopfhörer, sodass die Außenwelt nahezu ausgeblendet wird (vgl. WEBER 2008: 26 f.). Die zur Verfügung stehende Aufmerksamkeit wird aufgeteilt, die Umwelt nur noch wie durch einen Schleier wahrgenommen. Der *Freeze*-Flashmob kommt einem Aufbegehren gegen die Flüchtigkeit gleich. Die Flashmobber intervenieren im öffentlichen Raum und zugleich im Alltag der Passanten, indem sie eine Umkehrung der Nutzung der Plätze vornehmen und der Geschwindigkeit den vollkommenen Stillstand entgegensetzen. Es erfolgt eine „neue Codierung" der Räume, um „eine andere Erfahrung in die gewohnte einzuschreiben" (LEHMANN 2000: 29). Das Ergebnis ist ein „performative[s] Außer-Kraft-Setzen der öffentlichen Ordnung" (FAHLENBRACH 2009: 98). Der *Freeze*-Flashmob kann demnach als *Störung* interpretiert werden, durch den eine neue Wahrnehmungsdisposition entsteht (vgl. LEHMANN 2000: 29). „Ein gefundener und durch die Geschichte und Nutzung, durch tägliche Gewohnheit vor-definierter Raum wird durchsetzt, skandiert, gepunktet durch eine Performance und wird dadurch ein anderer" (ebd.). „Was geschieht hier?" lautet plötzlich die Frage an einem Ort, der normal nur schnell durchschritten wird.

Die Flashmobber blockieren die „alltägliche Ordnung des öffentlichen Raums" (FAHLENBRACH 2009: 100). Es fehlen „Rahmensetzungen" (FISCHER-LICHTE 2004a: 309), die der Situation Sinn zuschreiben. So kann jeder nur rätseln: Handelt es sich hier um Kunst, Protest oder Spaß etc.? Die Passanten geraten in eine kurzfristige „Krisensituation" (FISCHER-LICHTE 2004b: 24), in der sie mit neuen Ordnungen und Regeln konfrontiert werden. Im Idealfall resultiert aus diesem Zusammenstoß von Gegensätzen eine Transformation der Passanten, die ihre Umwelt bewusster wahrnehmen – oder gar selbst als Flashmobber aktiv werden.[119]

Neben der Veränderung der Wahrnehmungsdisposition kann der *Freeze*-Flashmob auch als Unterminierung der „Gesellschaft des Spektakels" (DE-BORD 1996)[120] angesehen werden. Anstatt in ihrer Freizeit vorgegebene Frei-zeitangebote zu konsumieren, werden die Flashmobber aktiv und gestalten ihr eigenes Unterhaltungsangebot. Wie bereits erläutert wurde, können Flash-mobs als Ausdruck einer Erlebniskultur und als spezifische Form von Events bezeichnet werden (vgl. Kapitel 3.2.2 und 3.2.3). Hinsichtlich des gewählten Beispiels eines *Freeze*-Flashmob wird hier die These aufgestellt, dass dieser als ein subversiver Gegenentwurf interpretiert werden kann, indem er sich zwar der Grammatik von Events bedient, in der inhaltlichen Ausgestaltung jedoch einen entgegengesetzten Weg einschlägt. Denn in Opposition zu Events zeichnet er sich nicht über starke Sinnesreizungen aus, die von der Gegenwart ablenken, sondern funktioniert über *Reizentzug*, durch den eine intensivere Wahrnehmung der eigenen Person sowie der Umgebung möglich

---

119 Ein Beispiel hierfür findet sich im Forum der Flashmob-Community Hamburg (vgl. http://flashmobhh.de/phpBB3/viewtopic.php?f=23&t=513&sid= d93335257a461c40eacbcd96553da374 [02.06.2010]:

„Mi 30. Dez 2009, 03:10: Moin Moin, Ich bin der Robert, wohne erst seit kurzem in Hamburg und wurde bei dem Hinz und Kunzt Flashmob überrascht, ich hatte keine Ahnung was das nun werden soll, aber war echt begeistert (und auch verwirrt), da ich von der Aktion mal so gar nichts wusste, stand ich erstmal doof in der Gegend rum^^ War ne gelungene Aktion und werde, sofern ich es schaffe, beim nächsten mal dabei sein.

LG Pandioma / Robert."

120 Dabei handelt es sich um das Hauptwerk von GUY DEBORD, das 1967 veröffentlicht wurde. DEBORD analysiert darin die Totalität der kapitalistischen Form der Verge-sellschaftung und deren Auswirkungen auf das Subjekt. Die Gesellschaft des Spek-takels zeichnet sich dadurch aus, dass dem unmittelbaren Erleben die vermittelte Erfahrung gegenübergestellt wird. Der Mensch lebt in einer Scheinwelt, die durch Bürokratie, Technokratie, Propaganda, Konsum und Medienwahn gekennzeichnet ist. Damit einher geht eine Verdinglichung des Subjekts, das in eine konformistische und passive Rolle gezwängt wird. In einer Gesellschaft des Spektakels bleibt dem Subjekt nur die Rolle des Zuschauers, der seine innere Leere im Konsum überwindet. Nach DEBORD muss es daher das Ziel sein, die Gesellschaft des Spektakels aufzubre-chen, indem der Mensch aus seiner Passivität ausbricht und sein Leben aktiv selbst gestaltet.

wird. Nach ROBERTO SIMANOWKI wird darin der Unterschied zwischen einer „Ästhetik der Präsenz" und einer „Ästhetik des Spektakels" (SIMANOWSKI 2008: 254) deutlich. Die Ästhetik der Präsenz sei durch ein „verstärktes sinnliches Sich-selbst-Verspüren" evoziert. „Kulturindustrie und Ästhetik des Spektakels hingegen intendieren nicht die Intensivierung der Gegenwart sondern deren Auslöschung" (ebd.). Da der *Freeze*-Flashmob das Potenzial zur Veränderung der Wahrnehmung enthält und durch seinen Ereignischarakter über eine besondere Intensität verfügt, grenzt er sich von der Spektakelkultur ab.

4.4   Phase der Bilderwanderung

Die Performances der Flashmobber hinterlassen keine Spuren im öffentlichen Raum. Mit dem Vollzug der Handlung erlischt vor Ort jeder Hinweis auf ihre Existenz. Ein Beweis, dass das Ereignis tatsächlich stattgefunden hat, ist dennoch vorhanden. Denn sowohl einzelne Passanten als auch einige der Flashmobber haben die Aktion gefilmt oder fotografiert.[121] In erster Linie sind es Handys, Digital- oder Videokameras, die zur Aufzeichnung der Performance genutzt werden. Die mediale Speicherung bildet die Basis für die dritte Phase des Flashmob, die von der Wissenschaft und Medienvertretern bislang ignoriert wurde: *die Phase der Bilderwanderung*. Sie geht einher mit einer Kontextveränderung in Form einer neuen medialen Umgebung. So werden Fotos der Aktionen in Zeitungen abgedruckt und auf diversen Plattformen im Internet veröffentlicht, sogar in Galerien werden Zeugnisse der Aktionen präsentiert.[122] Fotografien spielen jedoch eine eher marginale Rolle für den Prozess des Flashmob. Weitaus populärer sind die Videoaufzeichnungen der Aktionen, auf die im weiteren Verlauf eingegangen werden soll. Sie werden im Anschluss an die Performance als digitale Zeugnisse in Foren und Videoplattformen eingespeist.

---

121 Die Fotos der Aktionen werden z.B. auf der Fotoplattform *Flickr* veröffentlicht (vgl. http://www.flickr.com/ww.flickr.com [03.06.2010]). Diese Arbeit beschränkt sich auf die Videoaufzeichnungen der Aktionen

122 Ein Beispiel hierfür ist die Ausstellung mit dem Titel MOB, die in der Galerie *Viktoria B* in Bonn gezeigt wurde (vgl. http://www.galerie-viktoria-b.de/ [10.06.2010]).

Für Flashmobs beschreibt der Prozess der Bilderwanderung somit die Überwindung des physischen und den Eintritt in den virtuellen Raum des Internets. Das Video fungiert dabei nicht nur als ein Speichermedium, sondern erfüllt auch die Rolle des Mittlers: Es vermittelt zwischen dem Gegenwärtigen und dem Abwesenden (vgl. HEEG 2004: 38). Zugleich verbindet es den urbanen öffentlichen mit dem virtuellen öffentlichen Raum. Denn erst die digitale Speicherung macht es möglich, die Offline-Aktion online zu veröffentlichen.

Bevor die Phase der Bilderwanderung näher analysiert wird, soll zunächst in einem Schritt zurück das Verhältnis von Live-Performance und mediatisierter Performance eingehender betrachtet werden. Damit soll zum einen die Voraussetzung für die Bilderwanderung geklärt und zum anderen auf die heftige Debatte aufmerksam gemacht werden, die sich an diesem Thema entzündet hat.

4.4.1   Exkurs: Die Debatte um das Verhältnis von Live-Performance und ihrer medialen Aufzeichnung

Zwei konträre Positionen prägen die Diskussion, die weniger die Differenz von Live-Performance und mediatisierter Performance und die daraus resultierenden Möglichkeiten und Probleme thematisieren, sondern die „Frage nach der kulturellen Überlegenheit" (FISCHER-LICHTE 2000: 10) in den Mittelpunkt ihrer Betrachtung stellen. Während die Vertreter der einen Position von einem dichotomischen Verhältnis ausgehen und der Live-Performance einen höheren Wert zubilligen, verneint die Gegenseite eine ontologische Differenz.

Erstgenannte stehen in der Tradition WALTER BENJAMINs, der für das Kunstwerk im Zeitalter seiner technischen Reproduzierbarkeit einen Verlust von Aura diagnostiziert (vgl. BENJAMIN 1974). Für sie stehen Aktion und deren Reproduktion in einem dialektischen Verhältnis (vgl. Kapitel 3.1.3). Dies gilt zum Beispiel für DIETER MERSCH, der die Theorie Benjamins für seine Untersuchung der ephemeren Aktionen adaptiert (vgl. MERSCH 2000a). Seiner Auffassung nach verfügt das singuläre Ereignis über eine auratische Qualität, die durch ihre technische Reproduktion verloren geht: „Das reproduzierte Ereignis verliert seine Präsenz, seine Einmaligkeit und büßt auf diese Weise erneut jenen Bann ein, in den es zu ziehen vermochte […]" (ebd.: 102). Diese Haltung gegenüber einer Wiederholung des einmaligen Ereignisses teilt PEGGY PHELAN. In ihrem Buch *Unmarked. The Politics of Perfor-mance* beschreibt sie die Live-Performance als Medium des Widerstands, das sich aufgrund seines flüchtigen Charakters der ökonomischen Wertschöp-fungskette entzieht:

> "Performance's only life is in the present. Performance cannot be saved, re-corded, documented, or otherwise participate in the circulation of representa-tions *of* representations: once it does so, it becomes something other than performance. To the degree that performance attempts to enter the economy of reproduction it betrays and lessens the promise of its own ontology." [Hervorh. durch d. Autor] (ebd.)

Sowohl für PHELAN als auch für MERSCH bedeutet die mediale Aufzeich-nung die Negation all dessen, was den Charakter der Live-Performance aus-zeichnet. In Opposition dazu tritt unter anderem PHILIP AUSLANDER, der einen ontologischen Unterschied zwischen Live-Ereignis und mediatisierter Performance verneint. Mithilfe von Beispielen aus unterschiedlichen Berei-chen – wie der Rockmusik und dem amerikanischen Rechtssystem – macht er aus medientheoretischer Perspektive deutlich, dass das Live-Ereignis und seine Wiederholung voneinander abhängig sind (vgl. AUSLANDER 1999: 53). Für seine Argumentation adaptiert er BAUDRILLARDs Paradigma der *simula-tion*: "Nothing seperates one pole from the other, the initial from the termi-nal: there is just a sort of contradiction into each other, a fantastic telesco-ping, a collapsing of the two traditional poles into one another: an IMPLO-SION [Hervorh. durch d. Autor]" (ebd.). Anstatt wie MERSCH und PHELAN die Reproduktion der Live-Performance als Gefahr zu begreifen, sieht AUS-LANDER darin zwei performative Ausdrucksformen, die nicht voneinander getrennt gedacht werden können, die sich vielmehr gegenseitig bedingen (vgl. ebd.). An der kulturpessimistischen Sicht bemängelt er, dass sie überse-he, dass es erst seit der medialen Speicherung überhaupt möglich ist, von *Liveness* zu sprechen und somit die Rede von Live-Performance immer auch deren Reproduktion beinhalte. "Prior to the advent of those technologies (e.g., sound recording and motion pictures), there was no such things as 'live' performance, for that category has meaning only in relation to an op-posing possibility" (ebd.: 51). SYBILLE KRÄMER bestätigt diese Meinung. Auch sie verneint die Existenz einer absoluten Singularität und verweist auf die gegenseitige Verzahnung von Live-Aktion und deren medialer Speiche-rung: „Das Ereignishafte zeigt sich nur auf der Folie des Unterschieds, der durch die Reproduktion (und das Anderswerden eben dieses Reproduzierten) gestiftet wird und ‚Einmaligkeit' überhaupt erst erfahrbar macht" (KRÄMER 2004: 18).

Der Ansatz von KRÄMER und AUSLANDER deckt sich mit BARBARA ENGELBACHs Definition von Performance Art aus Kapitel 3.1.3. Zudem spiegelt sich darin auch das Verständnis von Flashmobs als Performance wider, das dieser Arbeit zugrunde liegt. Anders als PEGGY PHELAN und DIETER MERSCH wird hier die mediale Aufzeichnung nicht als Negation der Live-Aktion betrachtet, sondern als deren konstitutiven Bestandteil, die mit einer anderen Bedeutung als die Performance im urbanen öffentlichen Raum behaftet ist. Aufgrund dieser Einschätzung steht ein anderer inhaltlicher Schwerpunkt als bei den vorgestellten Wissenschaftlern im Fokus. Im Rahmen dieser Arbeit interessieren die Aspekte, die in dieser Debatte ausgeklammert werden: die Unterschiede von Live-Performance zu mediatisierter Performance und die Funktionen und Gebrauchsweisen der medialen Aufzeichnungen.

Die mediale Differenz

Eine Antwort auf die Frage nach der medialen Differenz gibt ERIKA FISCHER-LICHTE in dem Sammelband *Wahrnehmung und Medialität* (FISCHER-LICHTE 2001). Demnach liegt ein Unterschied in der leiblichen Anwesenheit von Akteur und Zuschauer, der eine Interaktion zwischen beiden Parteien ermöglicht. Der Blickwechsel und die Intervention der Zuschauer sind nur zwei der diversen Möglichkeiten, wie sich Zuschauer und Akteure in ihrem Handeln aufeinander beziehen können (vgl. ebd.: 18 ff.). Diese Merkmale, die an die *Liveness* der Aktion gebunden sind, können nicht auf das Medium Video übertragen werden. „Wohl kann eine Aufzeichnung beobachtbare Zuschauerreaktionen dokumentieren. Interaktionsprozesse dagegen, die über leibliches Erspüren verlaufen, entgehen ihr" (ebd.: 22). Die mediatisierte Performance ist darüber hinaus durch eine andere Atmosphäre gekennzeichnet. Mit Atmosphäre bezeichnet FISCHER-LICHTE eine Stimmung, die sowohl durch eine spezifische Räumlichkeit als auch durch das leibliche Zusammentreffen mit anderen Menschen konstituiert wird (vgl. ebd.: 21 f.).

Eine wesentliche Differenz betrifft auch die Wahrnehmung der Aktion. Nach FISCHER-LICHTE ist sie vor allem an das Medium der Inszenierung geknüpft, sodass sich der Unterschied von Live- und mediatisierter Performance in zwei verschiedenen Wahrnehmungsmodi niederschlägt (vgl. ebd.: 13). Ein Aspekt, der den Unterschied in der Wahrnehmung verdeutlicht, bezieht sich auf die jeweilige Rezeptionssituation. Im öffentlichen Raum werden die Passanten von den Flashmobbern überrascht. Nichts hat ihr Kommen angekündigt – ihnen „widerfährt" (FISCHER-LICHTE 2004b: 22) der Flashmob (vgl. Kapitel 4.2.1). Sie sehen mit eigenen Augen, was um sie herum geschieht. Die Ausrichtung des eigenen Blicks entscheidet, welche Eindrücke primär wahrgenommen werden. Für die Wahrnehmung des Videos hingegen gelten andere Voraussetzungen: Die Beobachtung des Zuschauers ist eine *Beobachtung zweiter Ordnung* (vgl. LUHMANN 2005: 16). Seine Wahrnehmung wird durch die Aktivität des Kameramanns gelenkt, der den Flashmob aus einer bestimmten Perspektive gefilmt hat. Die Kamera rahmt somit die Wahrnehmung und bestimmt die Auswahl des Blickfeldes (vgl. GLESNER 2005: 267). Darüber hinaus erfolgt das Aufrufen des Videos in aller Regel gezielt. So mag der Inhalt überraschend sein, durch die bestimmte Umgebung und Beschriftung sind jedoch Rahmenbedingungen gegeben, die vor Aufruf des Videos eine bestimmte Antizipationshaltung entstehen lassen.

Die bislang aufgeführten Unterschiede sind genereller Natur, die nicht zwischen den Formen der Aufzeichnung unterscheiden. Im konkreten Fall der Flashmob-Videos ist eine Präzisierung jedoch sinnvoll. Hierbei handelt es sich größtenteils nicht um rein dokumentarische, sondern um nachträglich manipulierte Aufzeichnungen.[123]

Die Aufzeichnungen der Aktionen, die für die Phase der Durchführung als Quellenmaterial genutzt wurden, stehen hier stellvertretend für die Masse an existierenden Flashmob-Videos. Typisch scheint zu sein, dass die Clips bearbeitet werden, erkennbar beispielsweise durch deutliche Schnitte. Die Videospur des Kölner *Freeze*-Flashmob wurde zusätzlich so bearbeitet, dass einige Sequenzen in Slow Motion wiedergegeben werden. Hier wurde offenbar versucht, mit filmischen Mitteln eine ähnliche ästhetische Wirkung wie bei der Live-Aufführung zu evozieren. „[…] So kommt hinzu, dass sich Aufführung und Video auch insofern voneinander unterscheiden, als die zeitliche und räumliche Kontinuität des Gezeigten im Fall des Clips schon auf der

---

123 Eine Postproduktion findet vor allem dann statt, wenn die Aufnahmen von einem Flashmob-Mitglied anstatt von einem Passanten stammen. Dies kann dadurch begründet werden, dass in der Phase der Vorbereitung festgelegt wurde, wer die Aktion filmen wird, und sich im Normalfall die Personen bereit erklären, die über die nötige Medienkompetenz verfügen und somit das Material im Anschluss auch bearbeiten können.

visuellen Ebene durchbrochen wird" (KEAZOR/WÜBBENA 2007: 56).[124] Diese
Aussage lässt sich auch auf die Rezeption der mediatisierten Performance
übertragen, die nicht linear ablaufen muss. Im Gegensatz zur Live-Performance ist das Video nicht nur beliebig wiederholbar, sondern kann zudem
angehalten, zurück- oder vorgespult werden. Die mediale Differenz zeigt sich
zudem auch auf der auditiven Ebene. Während bei den drei Videos der Ham-
burg-Aktionen der Originalton beibehalten wurde (Straßenlärm, Gesprächs-
fetzen von vorbeieilenden Passanten), wurde die Tonspur des Kölner *Freeze*-
Flashmob weitgehend entfernt. Nur zu Beginn und zu Ende des Videos sind
die Original-Geräusche einschließlich des Start- und Endsignals wahrnehm-
bar. Die Zeit des Stillstands unterstreicht ein Audiotrack, der aus atmosphä-
rischen Klängen und einem schleppenden Beat besteht. Hier zeigt sich erneut
die Intention der Flashmobber, die Atmosphäre der Live-Performance auch
über die mediatisierte Performance zu vermitteln.

Die Differenz zwischen Live-Performance und mediatisierter Perfor-
mance lässt sich somit auch als *Transformation* beschreiben oder – um die
Worte SYBILLE KRÄMERs noch einmal aufzugreifen – als „Anderswerden"
(KRÄMER 2004: 18). Am Beispiel des *Freeze*-Flashmob manifestiert sich die
Transformation in besonderer Art und Weise. Während die meisten Videos
Bewegung in bewegten Bildern einfangen, werden hier die stillgestellten
Körper der Akteure durch die Aktivität der Kamera und aufgrund der Spei-
cherung in Bewegtbildern „wiederbelebt".[125]

Auf Basis dieser Informationen interessiert im weiteren Verlauf, wohin
das Video im Zuge seiner Wanderung gelangt und in welchen Kontext es
eingebettet wird. Fragen nach der Funktion der Bilder sowie nach dem *Bildhandeln*[126] stehen gleichfalls im Fokus der Untersuchung.

---

124 Die Autoren beziehen sich in ihrer Aussage auf den Unterschied von Live-Konzerten
    und Musikvideos.

125 Dieses Beispiel erinnert an die Arbeiten des Filmemachers PETER GREENAWAY, der
    in seinen Filmen häufig das Motiv des *Tableau Vivant* verwendet und dessen Statik
    mit der Bewegung der Kamera kontrastiert (vgl. SCHUSTER 1998: 89–101).

126 Unter Bilderhandeln wird im weiteren Verlauf der Gebrauch von und der Umgang
    mit Bildern verstanden, wie beispielsweise deren Kommentierung und Weiterleitung.
    Zu weiteren Facetten des Begriffs siehe SEJA (2009).

Von der Straße ins Netz

Ging der Übergang der ersten in die zweite Phase des Flashmob mit einem
Verlassen des virtuellen und einem Eintritt in den urbanen Raum einher, so
beschreibt die *Phase der Bilderwanderung* einen umgekehrten Verlauf: In
digitaler Form wird die Performance von den Usern in das Hybridmedium
Internet eingespeist. Hier wird sie in eine neue, nicht mehr an einen konkreten physischen Ort gekoppelte Umgebung eingebettet, die sowohl inter-
aktiv (Verlinkung, Kommentar, Verschlagwortung) als auch intermedial
(Texte, Musik, Film) ist (vgl. REGENER 2006b: 444). Die Neukontextuali-
sierung hat eine Veränderung der Kommunikations- und Wahrnehmungsbe-
dingungen zur Folge, sodass der mediatisierten Performance im Vergleich zu
der Live-Aufführung eine andere Bedeutung zukommt (vgl. REGENER 2006a:
128). Der Weg von der Straße ins Netz überführt jedoch nicht nur das Video
in eine andere Umgebung. Er hat zugleich auch Auswirkungen auf den
Charakter der Gruppe. So geht mit der Phase der Bilderwanderung auch eine
Auflösung des Kollektivs einher. Wie in der Phase der Durchführung sind
die Flashmobber erneut dezentral vernetzt. Aus der kurzzeitigen territorialen
Verbindung wird erneut eine „deterritoriale Vergemeinschaftung" (HEPP
2006a: 280 f.) (vgl. Kapitel 4.2).

Die populärste Plattform, auf der Videos der Flashmob-Aktionen veröffentlicht werden, ist *YouTube*. Mehr als 60.000 Treffer erzielt die Eingabe
„Flash Mob" in die Suchmaske der Plattform.[127] Hinzu kommen die Videoaufzeichnungen von speziellen Ausprägungen des Phänomens – so erhält
man auf die Eingabe „Dancemob" über 7.000 Ergebnisse.[128] Sowohl für die
Performer im Bikini am *Bondi Beach*[129] als auch für die Tänzer in *Singa-
pur*[130] gilt: Die Bilder der Aktionen finden sich gesammelt auf der audiovisuellen Plattform wieder, wo sie theoretisch von jeder Person, die über einen
Computer mit Internetzugang verfügt, abgerufen werden können. Die Menge
der Videos ist jedoch nicht gleichzusetzen mit der Anzahl der Aktionen, da
häufig mehrere Aufzeichnungen eines Flashmob koexistieren, so dass „visuelle Redundanzen" (RICHARD/RUHL 2007: 185)[131] auftreten. Am Beispiel

---

127 Stand 03.06.2011

128 Stand 03.06.2011

129 http://www.youtube.com/watch?v=Ao4DkbGbxl0 [06.06.2010]

130 http://www.youtube.com/watch?v=OrTf6anF0r8 [06.06.2010]

131 Die Autoren beziehen sich hier auf die Foto-Community *Flickr*.

von *YouTube* soll nun der Kontext der Flashmob-Bilder sowie die Gebrauchsweise und Funktion der Videos näher vorgestellt werden.

4.4.2   Flashmob-Videos auf *YouTube*

„Broadcast Yourself" lautet der Slogan, mit dem die Video-Community auf ihrer Seite wirbt.[132] Dahinter verbirgt sich die Aufforderung an alle Internetuser: Sende dich selbst, was dich ausmacht, was dich interessiert und du mit anderen teilen möchtest. Mit diesem Konzept ging das Portal im Februar 2005 online, 2006 übernahm *Google* den Dienst für rund 1,65 Milliarden US-Dollar (vgl. ALBY 2008: 110 ff.). Nach eigenen Angaben zählt *YouTube* weltweit mehr als 3 Milliarden Aufrufe pro Tag, mehr als 48 Stunden Videomaterial werden pro Minute auf die Seite hochgeladen.[133] Diese richten sich an ein potenziell globales Publikum, das die Clips nicht nur ansehen, sondern z. B. auch kommentieren, weiterleiten und mit spezieller Software auf der eigenen Festplatte speichern und weiterverarbeiten kann. Während das Anschauen der Videos ohne Registrierung möglich ist, benötigt der User für das Einstellen und die Speicherung von Videos sowie für die Nutzung der Kommentarfunktion ein eigenes *YouTube*-Konto, das er sich kostenlos einrichten kann.

Wie eine Studie zu *YouTube* der *Kansas State University* (vgl. WESCH 2008) zeigt, sind es in erster Linie Amateure, die ihre Videos auf der audiovisuellen Plattform veröffentlichen: Nur 14,7 % der Videos stammen aus professioneller Hand. Auch die Flashmob-Videos lassen sich als Amateurvideos klassifizieren. Bis auf wenige Ausnahmen liefern sie verwackelte und unscharfe Aufnahmen, oftmals sind die Bilder zudem überbelichtet oder zu dunkel.[134] Die Amateurästhetik korreliert mit der Einschätzung HOWARD RHEINGOLDs, der Flashmobs als *self-organized entertainment* charakterisiert (vgl. Kapitel 2.1). Die Abkehr von einem Anspruch an Professionalität schlägt sich auch in den Aufzeichnungen der Aktionen nieder. Essenziell ist nicht die Qualität des Gefilmten, sondern die Tatsache, *dass* gefilmt wird.

---

132 www.youtube.com [10.6.2010]

133 http://youtube-global.blogspot.com/2011/05/thanks-youtube-community-for-two-big.html [03.06.2011]

134 Zur Amateurästhetik von Videobildern vgl. BASTIAN BAMMERT in seiner Diplomarbeit (BAMMERT 2009).

Die reine Erinnerung an die Aktion ist unzureichend, das Video der Aktion ein konstitutiver Bestandteil eines Flashmob – auf *YouTube* wird es in ein „visuelles Archiv von bewegten Bildern" (RICHARD 2008: 225) verwoben.

YouTube ist ein „kultureller Speicher" (ebd.: 224), konstatiert BIRGIT RICHARD. Demnach kann das Portal auch als eine Form von kollektivem Bildgedächtnis verstanden werden. So macht HANS BELTING darauf aufmerksam, dass die neuen Medien ein Speicherort der Erinnerungen seien, in denen die Bilder auf andere Weise überleben als in Museen oder Büchern (vgl. BELTING 2001: 46 f.). Dieser *anderen Weise* geht Wolfgang Ernst nach, der die Gedächtnisleistung von Online-Archiven und somit auch von *YouTube* beleuchtet (vgl. ERNST 2002). Aus medientheoretischer Perspektive hinterfragt er das Internet in seiner Qualität als Archiv und kommt zu dem Schluss, dass das WWW „strukturell kein Archiv mehr darstellt, sondern ein virtuelles Anarchiv multimedialer Daten [...]" (ebd.: 84). Diese Einschätzung begründet er durch eine anhaltende Flut neuer Daten, wodurch das Archiv einem ständigen Wandel unterliege und somit nicht die Vergangenheit abbilde, sondern radikal gegenwärtig sei (vgl. ebd.: 87). Das Internet ist demnach kein Speicher auf Zeit, sondern lediglich ein flüchtiger Zwischenspeicher (vgl. ebd.: 84). Der Verlust von Daten ist damit zwangsläufig gegeben – dies liegt in erster Linie an der vergänglichen Materialität der audiovisuellen Speicher. „Das 21. Jahrhundert wird das der ephemeren Archive gewesen sein. Was bleibt sind Inseln der Speicherung in ihrer unhintergehbaren Materialität, [...] nostalgische Orte in einer Medienkultur, die Daten nur noch auf Zeit speichert" (ebd.: 87). *YouTube* ist demnach ein kollektives Bilduniversum, das einer ständigen Veränderung unterliegt. Eine Analyse bestimmter Inhalte ist somit immer nur ein Ausschnitt der Gegenwart.

Der Kontext der Flashmob-Bilder

Die Clips der Flashmob-Aufführungen sind eingebettet in eine heterogene Masse von Bildern aus den unterschiedlichsten Themenfeldern. Die Produzenten der Videos veröffentlichen in der Regel kurze, selbstgedrehte Clips. Darunter befinden sich Home- und Partyvideos, aber auch Konzertmitschnitte und sogenannte „Ego-Clips"[135], in denen sich der Filmende selbst in Szene

---

135 Hierbei handelt es sich um eine von mehreren Kategorien, die von BIRGIT RICHARD für die Ordnung des visuellen Materials auf YouTube aufgestellt wurden. Ego-Clips stellt hierbei die größte inhaltliche Kategorie dar. Sie dienen nach Aussagen RICHARDS in erster Linie der narzisstischen Selbstdarstellung. Gesang, Tanz und

setzt. Das Video von einem schlafwandelnden Hund ist nur einen Klick von einer Aufzeichnung des letzten MADONNA-Konzerts entfernt. Um dem User eine gewisse Übersichtlichkeit zu gewähren, gibt es 13 Kategorien, von *Autos & Fahrzeuge* bis hin zu *Reise & Events,* die die Suche nach bestimmten Inhalten leichter machen sollen. Während ein Großteil der Videos der Unterhaltung dient, findet der User in der Sparte *Bildung* Aufzeichnungen von Universitätsvorlesungen, *Powerpoint*-Präsentationen zu wissenschaftlichen Themen sowie Anleitungsvideos für das Lernen eines Instruments. Darüber hinaus existieren in großer Anzahl Mitschnitte aus dem Fernsehen, wie Serien und Musikvideos.[136] Durch diese enge Beziehung zu dem traditionellen Medium fungiert *YouTube* auch als „Verdichtungs- und Montagemaschine bestehender Medienangebote" (BLEICHER 2009: 178). Somit lassen sich die *YouTube*-Bilder ebenfalls als ein hybrides Gemisch von audiovisuellen Spuren charakterisieren.

Trotz der verschiedenen Inhalte verfügen alle Videos über gewisse Gemeinsamkeiten, die auf die speziellen Vorgaben des Portals zurückzuführen sind: Neben Reglementierungen bezüglich Form und Inhalt unterliegen alle Inhalte zudem denselben Präsentationsbedingungen – der qualitativ relativ minderwertigen Ausgabe als Videostream (vgl. RICHARD 2008: 227).[137] Bezieht sich diese Beschreibung auf die Metaebene, welche die gesamte Plattform als Umgebung der Flashmob-Videos einschließt, soll anhand des Videos des Kölner *Freeze*-Flashmob gezeigt werden, inwiefern auf der Mikroebene der einzelne Clip *intermedial*[138] in ein Netz aus Text und Bild verwoben ist.

Sport sind die beliebtesten Inhalte. Sie haben ihren Ursprung in TV-Formaten wie Casting Shows. – Vgl. RICHARD (2008: 231).

136 Die daraus resultierenden Copyright-Probleme werden immer wieder diskutiert. Aktuell ist es bspw. nicht mehr möglich, Videos, die Content der *Sony Music Entertainment* enthalten, zu sehen.

137 Einige der Videos sind seit Ende 2008 allerdings in HD anzusehen, was bedeutet, dass die Videos in einer höheren Auflösung wiedergegeben werden (vgl. *Wikipedia* „YouTube", http://de.wikipedia.org/wiki/Youtube [24.06.2010]).

138 Der Begriff der *Intermedialität* hat Konjunktur und wird in verschiedenen Kontexten genutzt, um auf eine Medienkombination aufmerksam zu machen (vgl. RAJEWSKY 2002; SCHRÖTER 1998: 129–154).
Eine allgemein verbindliche Definition des Begriffs existiert jedoch nicht, vielmehr gibt es verschiedene Ansätze, die dem Begriff unter den Vorzeichen einer bestimmten Fragestellung und Fachrichtung eine spezifische Bedeutung zuschreiben. Dieser

Ein Blick auf die Abbildung 12 zeigt, dass das Fenster des Videobildes nur etwa zwei Drittel der Seite füllt. Der Stream ist intermedial in eine grafische Benutzeroberfläche eingebettet, die zudem Schaltflächen sowie Text und weitere Bilder enthält.

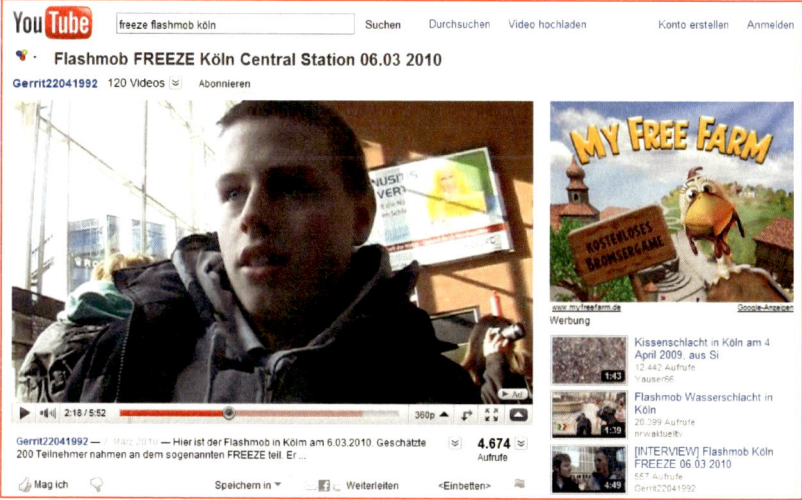

Abb. 12 Das Flashmob-Video als intermediales Objekt
(Quelle: http://www.youtube.com/watch?v=oeD9Xcvn9RA [06.06.2010] Video Still Minute 2:18).

Die Art der Medienkombination erinnert an Musiksender wie *Viva*, die zusätzlich zu dem Musikvideo Horoskope, Liebesorakel usw. einblenden. Aber auch Assoziationen mit dem Layout von Mode- und Musikzeitschriften

Arbeit liegt das Konzept von S<small>USANNE</small> R<small>EGENER</small> zugrunde – konkret ihrer Verwendung des Begriffs in dem Aufsatz „Bildgedächtnis, Blickkultur". Mit Intermedialität bezeichnet sie den Charakter des Bildes, das nicht für sich allein steht, sondern immer in einen medialen Kontext verwoben ist – so z. B. in ein Gefüge aus Text und Sprache sowie weiteren Bildern, wozu sie auch Erinnerungsbilder zählt, die im Moment der Betrachtung hervorgerufen werden. Sie schlägt ein Konzept von Intermedialität vor, das zum einen die Medienkollision auf die inhaltlichen, semiotischen Verbindungen hin untersucht und darüber hinaus auch die Konstruktion des Blicks erforscht, mit dem wir es heute zu tun haben. Aufgrund der thematischen Beschränkung der vorliegenden Untersuchung wird das Konzept hier jedoch enger gefasst und in erster Linie das sichtbare mediale Umfeld des Videos auf der Videoplattform *YouTube*, das aus Text und Bild besteht, betrachtet.

werden geweckt, die häufig aus Versatzstücken von Text und Bild bestehen. Diese Ästhetik erinnert an die Praxis der Collage und Montage, die HANS BELTING als charakteristisches Merkmal der bildenden Kunst beschreibt (vgl. BELTING 2001: 41). Typisch hierfür ist die Verschränkung verschiedener Bilder und Objekte auf demselben Bildträger.

Der Text besteht in erster Linie aus Metadaten, die Hintergrundinformationen über das gefilmte Sujet liefern. Neben der Überschrift, die Tag und Ort des Flashmob benennt, enthält die Legende unterhalb des Videofensters weiterführende Angaben zu dem Inhalt des Clips, wie z. B. die geschätzte Teilnehmerzahl. Die Beschriftung leistet damit eine dokumentierende Funktion und bietet dem User eine Orientierungshilfe. Zudem ruft sie bei Ortskundigen Erinnerungsbilder hervor, welche in Relation zu den Videobildern gesetzt werden. Unterhalb des Videos und der Legende ist ein weiteres Textfeld, das Kommentare von anderen Usern enthält, die Aussagen zu der Qualität, primär jedoch zu dem Inhalt des Videos, enthalten. Blau unterlegt und somit optisch hervorgehoben ist auch der Produzent des Videos: *Gerrit22041992*. Ein Klick auf den Namen führt zu seinem eigenen *YouTube-Kanal*, der neben einer Freundesliste und Angaben zur eigenen Person weitere Videos enthält.[139] Diese werden in Form einer horizontalen Zeitleiste präsentiert, durch die der User frei navigieren kann. Darüber hinaus findet sich am rechten Bildrand eine Auflistung weiterer Videos. Mithilfe eines Miniaturfensters werden hier Clips angezeigt, die dem aufgerufenen Video thematisch ähnlich sind und den User interessieren könnten. Das Video steht somit immer in visueller Nachbarschaft oder auch Konkurrenz zu ähnlichen medialen Inhalten. Es ist mit einem Strom aus weiteren Bildern verknüpft, das den User dazu verleitet, sich von einem Flashmob-Video zum nächsten „treiben zu lassen". Mithilfe dieser *visuellen Vernetzung* wird auch die Globalität des Phänomens deutlich. So steht das Video des *Freeze*-Flashmob Hamburg neben Aktionsbildern aus Amerika und Südafrika.[140] Folglich haben die Videos das Potenzial, ein Ländergrenzen überschreitendes Kommunikationsmittel zu werden, mit deren Hilfe man sich austauschen und untereinander vernetzen kann. Der *International Pillow Fight Day*, bei dem am selben Tag in der ganzen Welt Kissen durch die Luft gewirbelt werden, illustriert zudem, dass ein Flashmob nicht lokal begrenzt stattfinden muss.

---

139 http://www.youtube.com/user/Gerrit22041992 [10.06.2010]
140 http://www.youtube.com/watch?v=5nCyXhAYl3Q [12.06.2010]

Im Gegensatz zur Performance im öffentlichen Raum wird die mediatisierte Performance auf *YouTube* in einem Kontext aus Bildern, Tönen und Text erlebt. Diese Fülle an textlichen, auditiven und visuellen Informationen erfordert eine Teilung der Aufmerksamkeit. Dazu veranlasst auch der Werbebanner am rechten Bildrand, der in keinem thematischen Verhältnis zu dem Inhalt des Videos steht und somit eine zusätzliche Ablenkung bedeutet. Diese Vielfalt an Informationen korreliert mit einem dynamischen Blick, der zwischen Text und Bild umherwandert. Eine Fokussierung erfährt der Blick durch die Vergrößerung des Bildschirms, die ein Klick auf eine Schaltfläche möglich macht. Dadurch vergrößert sich das Videofenster in dem Maße, dass es den gesamten Computerbildschirm ausfüllt und die zusätzlichen Informationen aus Text und Bild nicht mehr vorhanden sind. Folglich kann sich der Blick des Users auf die mediatisierte Performance konzentrieren, muss dafür aber eine verminderte Qualität des Videobildes in Kauf nehmen.

Funktionen der Bilder – Bildhandeln

Das Verhältnis von Live-Performance und ihrer medialen Aufzeichnung sollte – wie bereits diskutiert – nicht vorrangig oder gar allein unter dem Vorzeichen des Verlustes an Authentizität und Aura betrachtet werden. Vielmehr emanzipiert sich das Video von der Live-Aktion im urbanen öffentlichen Raum und kann als eigenständiger performativer Akt angesehen werden (vgl. FISCHER-LICHTE 2001: 12; ANGERER 2002: 245). Auf dieser Grundlage lässt sich eine performative Theorie des Films bzw. des Videos ableiten, wie sie u. a. von GERTRUD KOCH beschrieben wird. „Was machen wir mit den Filmen [Videos, J.J.]" (KOCH 2004: 186) ist eine der Fragen, die unter den Vorzeichen dieser Theorie relevant werden. Dieser Aspekt wird eingehender betrachtet, indem nach dem Gebrauch der Bilder sowie nach ihrer Funktion gefragt wird. Dabei handelt es sich nicht um zwei voneinander unabhängige Komplexe. Vielmehr lässt sich aus dem Umgang mit den Bildern deren Funktion ableiten.

Am Anfang steht der Upload des Videos, der zugleich auf eine signifikante Funktion des Flashmob-Videos hinweist: Mithilfe des Clips versuchen die Flashmobber eine mediale Öffentlichkeit herzustellen. Wie schon bei der Performance Art geht es auch hier um die Möglichkeit, Menschen zu erreichen, die im Moment der Aufführung nicht vor Ort waren (vgl. Kapitel 3.1.3). Während die Videos der Künstler jedoch vor einem überschaubaren Publikum vorgeführt wurden, richten sich die Flashmobber mit der Videoaufzeichnung an eine breite Masse. Mit einer Veröffentlichung auf *YouTube* erhöhen sich die Chancen, auch diejenigen zu erreichen, die bislang keinerlei Berührung mit dem Phänomen Flashmob hatten. Häufig wird das Video von einer textlichen Information zu kommenden Flashmob-Aktionen begleitet, sodass das Video auch als Werbemittel verstanden werden kann, mit dem man neue Teilnehmer gewinnen möchte. Die Rezipienten des Videos sind jedoch nicht ausschließlich passive Konsumenten. Wie bereits erläutert wurde, ist das Publikum ein essenzieller Bestandteil eines jeden Flashmob. In ähnlicher Weise gilt dies auch für die „Zuschauer" der mediatisierten Performance. Indem sie das Video anschauen – vor allem jedoch durch ihr Feedback und ihr Bildhandeln –, werden sie für die Flashmobber als Publikum sichtbar und wirken zugleich auf das Video ein. MARIA GERHARDS, WALTER KLINGLER et al. bezeichnen diese Nutzer als „Kommunikatoren" (GERHARDS/KLINGLER/TRUMP 2008: 144). Im Gegensatz zu den „Unterhaltungssuchern" (ebd.), die die Videos nur betrachten und nicht kommentieren, zeichnen sich erstere durch ihre Aktivität aus. Sie posten Kommentare, goutieren die Aktion bzw. das Video, indem sie es als Favorit kennzeichnen, sie bewerten und vernetzen den Clip durch eine Weiterleitung auf andere Internetseiten. Damit sorgen sie z. B. für die Popularität und die Verbreitung des Clips.

Diese Handlungen fügen dem Video auch eine soziale Dimension hinzu. Durch das aufeinander bezogene Handeln wird erneut das Moment des *sharing* hervorgehoben, welches als konstitutives Merkmal der Web-2.0-Anwendungen gilt (vgl. Kapitel 4.2.1): Das Video wird zunächst veröffentlicht und dadurch mit anderen Usern geteilt, daraufhin werden die Informationen bewertet und kommentiert (vgl. Meckel 2008: 23). Der Videoclip stellt somit die Basis und den Anlass für diverse Formen der zeitversetzten Kommunikation und Interaktion dar. Für einige ist er zugleich auch eine Initialzündung, selbst aktiver Flashmobber zu werden. So kommentiert der User *Picnic7772* das Video des Flashmob *Bananabang* in Köln mit den Worten: „nein, ist das cool! ich will auch mit von der partie sein. nimm mich mal einer mit, oder gib mir mal jemand ne möglichkeit, mich für sowas anzumelden. bin bei jedem dabei!"[141]

Ein Austausch ist jedoch nicht nur auf Grundlage der Bilder möglich, vielmehr können sie auch als Kommunikationsinstrument verwendet werden. So treten manche der Videos in einen audiovisuellen asynchronen Dialog ein,

---

141 http://www.youtube.com/watch?v=GN2PhIfUP1c&feature=player_embedded
    [16.06.2010]

wodurch direkt über den produzierten Content eine Kommunikation aufgebaut wird (vgl. EBERSBACH/GLASER/HEIGL 2008: 108). Dies geschieht in Form einer „Response" (RICHARD 2008: 230), einer visuellen Antwort auf einen eingestellten Clip. Sie wird von den Flashmobbern in erster Linie dazu genutzt, um verschiedene Videos einer Aktion miteinander zu vernetzen. Ein Beispiel, das dies illustriert, ist das Video des *Freeze*-Flashmob am Jungfernstieg in Hamburg. Zu diesem Clip existiert ein Antwortvideo, welches dieselbe Aktion aus der Kameraperspektive eines anderen Flashmobbers zeigt.[142] Eine Form von Dialog entsteht für den User durch das sukzessive Aufrufen der Videos (vgl. EBERSBACH/GLASER/HEIGL 2008: 108). Dadurch ist es ihm möglich, zusätzliche audiovisuelle Informationen zu erhalten und sich ein umfangreicheres Bild der Aktion zu machen.

Neben dem Moment der Interaktion durch und auf Basis der Videos fungieren die medialen Aufzeichnungen auch als Beweismaterial, respektive als ein Beleg für die eigene Teilnahme an der Live-Aktion. Die mediale Vervielfachung, die durch die Veröffentlichung auf *YouTube* zumindest theoretisch gegeben ist, resultiert nach HAJO KURZENBERGER in einer „Ich-Vergrößerung" (KURZENBERGER 2005: 116). Ein Blick auf die Kommentare unterhalb des Videostreams bestätigt diese These:

banuuuu1	heyyyy ich hab da mitgemachtttt ich hab ne hellgraue
vor 9 Monaten	dünne strickjacke an und hab ne helle kurze hose und
	ne kette haha am ende sieht man mich bei der
	nahaufnahme...
	es hat einen riesen spass gemacht dort mitzumachen
	und ich wünschte dass wir es nochmal wiederholen
	könnten
	und cool das so viele mitgemacht haben
	und daumen hoch an die michael jackosn doubles an
	dem tag =)

Abb. 13 „Ich war dabei!", *Banuuuu1* über ihre Teilnahme am MICHAEL JACKSON-Flashmob in Köln   (Quelle: http://www.youtube.com/watch?v=GNBCO-VQHnE [13.06.2010])

Die Aussage des Users steht exemplarisch für eine Fülle ähnlicher Äußerungen. Teilweise fügen sie in ihre Kommentare einen Link mit einer konkreten Zeitangabe ein und richten somit einen Appell an die Community, im

---

142 http://www.youtube.com/watch?v=dXRQfeAe9hs [16.06.2010]

Video nach ihnen Ausschau zu halten.[143] Mithilfe dieser Angaben tritt der User aus der Menge der Teilnehmer und der damit einhergehenden Anonymität hervor und vergewissert sich seiner Existenz. „Ich war dabei" lautet die Botschaft an sich selbst und Außenstehende. Wurden früher Spuren im öffentlichen Raum hinterlassen – Name und Datum in Bäume geritzt, mit Edding auf Wände gekritzt –, um so eine Verbindung von körperlicher Präsenz und dem realen Ort herzustellen, ist diese direkte Kopplung für die Flashmobber aufgehoben. In diesem Zusammenhang soll erneut auf die Funktion des Videos als Mittler aufmerksam gemacht werden, welches nicht nur den urbanen öffentlichen mit dem öffentlich-virtuellen Raum verbindet, sondern auch einen lokalen Rückbezug eines jeden Teilnehmers ermöglicht.

Das Video fungiert jedoch nicht ausschließlich als Mittler zwischen On- und Offline und als Verstärker der eigenen Präsenz. Es kann ebenso als Bindeglied angesehen werden, welches das Zusammengehörigkeitsgefühl der Flashmobber stärkt. Es transportiert das *Wir-Gefühl* der gemeinsamen Aktion und vermittelt zudem neue Eindrücke, die während der Aktion nicht möglich waren (vgl. FAHLENBRACH 2009: 102).[144] Denn wie schon ALLAN KAPROW für die mediale Speicherung der Happenings konstatierte, können viele Geschehnisse erst im Nachhinein, in der Betrachtung der medialen Aufzeichnung nachvollzogen werden (vgl. Kapitel 3.1.2). So ist es den Flashmobbern häufig erst im Moment der Rezeption des Videos möglich, Aktionshandlungen derjenigen Teilnehmer zu sehen, die sich räumlich nicht in nächster Nähe befanden.

Auf eine weitere Funktion des Videos verweist WINFRIED GEBHARDT. Er geht davon aus, dass die mediale Aufzeichnung die Ereignishaftigkeit der Aktion noch unterstreicht: „Für die Beteiligten verstärkt die Aufzeichnungswürdigkeit [...] die Herausgehobenheit des Events aus dem Fluß der Alltagserfahrung, sie erzeugt also sozusagen eine soziale ‚Denkwürdigkeit'" (KNOBLAUCH 2000: 45). Dieser Einschätzung entspricht der Kommentar des Users *Buddhabr0t,* der schreibt: „Davon werden noch unsere enkel erzäh-

---

143 beispielsweise: http://www.youtube.com/watch?v=bOMBcEAw9LI&feature= watch_response [16.06.2010]

144 KATHRIN FAHLENBRACH bezieht sich in ihrem Aufsatz auf Protest-Formationen im öffentlichen Raum und die Bedeutung der medialen Aufzeichnung der Aktionen. Aufgrund der Nähe von Flashmobs zu subversiven Praktiken, die in Kapitel 4.2. herausgestellt wurden, werden ihre Aussagen auf den hier vorliegenden Untersuchungsgegenstand übertragen.

len...."[145] In Einzelfällen verwandelt sich das Ereignis im öffentlichen Raum auch in ein mediales Ereignis (vgl. FAHLENBRACH 2009: 98–108) – so zum Beispiel im Fall des MICHAEL JACKSON-Flashmob in Stockholm: Die von einigen hundert Teilnehmern aufgeführte Choreographie wurde als mediatisierte Performance bis heute mehr als 5 Millionen Mal aufgerufen.[146]

Über YouTube *hinaus*

Die Videoplattform *YouTube* bietet für alle Flashmob-Interessenten die ideale Anlaufstelle. Hier findet man Aktionen, die am anderen Ende der Welt stattfanden, gleich neben der Performance, die direkt vor der Haustür aufgeführt wurde. *YouTube* dient den Flashmobbern als globale Bühne. Darüber hinaus stellt die Videoplattform ein mediales Zentrum dar, von dem aus die Videos auf andere Plattformen weitergeleitet werden. "[...] YouTube functions in relation to a range of other social networks; its content gets spread via blogs [...], via Facebook and MySpace, where it gets reframed for different publics and becomes the focal point for discussions" (JENKINS 2006: 275), so das Urteil von HENRY JENKINS. Folglich charakterisiert er den Inhalt von *YouTube* als „spreadable media" (ebd.). Dies geschieht mithilfe von verschiedenen Optionen, die die grafische Benutzeroberfläche von *YouTube* bereitstellt. So gibt es unterhalb des Videostreams einen Button mit der Möglichkeit, das Video weiterzuleiten. Zusätzlich ist es möglich, über die Schaltfläche *Einbetten* den HTML-Code eines Clips abzurufen, der dann durch Copy/Paste in eine andere Website eingepflegt werden kann. Hierin manifestiert sich eine „Praxis der Collage und Montage" (AHRENS 2003: 188), die nur noch entfernt an die Vorgehensweise bildender Künstler erinnert. Vielmehr ist sie zu einem konstitutiven Merkmal des Internets avanciert, so DANIELA AHRENS:

> „D.h. man jongliert mit unterschiedlichen raumzeitlichen Kontexten, fügt Phänomene in neue Kontexte jenseits gewachsener Bedeutungen und Grenzziehungen ein. In dieser Kombinatorik unterschiedlicher Bezugsrealitäten entstehen neue Gelegenheiten zum Feedback, zur Diskussion und zur Reflexion von Praktiken und Entscheidungen." (ebd.)

---

145 Vgl. http://www.youtube.com/watch?v=2HcwAs4fDWs&feature=related [12.06.2010]. Der User war Teilnehmer des Spartaner-Flashmobs in Karlsruhe, bei dem ca. 150 Teilnehmer Regenschirme als Schutzschilder verwendeten, sich in zwei Gruppen gegenübertraten und eine Angriffshandlung simulierten.

146 Stand: 12.06.2010

Die Videos der Flashmob-Aktionen verbreiten sich in erster Linie über die Einbettung in Foren der Flashmob-Communities, teilweise werden sie auch auf den sozialen Netzwerkseiten wie *studiVZ* und *Facebook* veröffentlicht. Hieran zeigt sich, dass der Prozess der Bilderwanderung und damit auch der Prozess des Flashmob nicht mit der Veröffentlichung auf *YouTube* abgeschlossen ist. Stattdessen handelt es sich um *mobile Bilder*, die immer wieder in neue Umgebungen gelangen und somit – wie HENRY JENKINS in seinem Zitat anmerkt – „reframed" bzw. neukontextualisiert werden und jeweils einen spezifischen Sinn erhalten. Dies spiegelt sich auch im Gebrauch der Videos wider, der je nach Kontext ein anderer ist.

Um diese Aussage zu untermauern, wird an dieser Stelle erneut auf die Internetpräsenz der Flashmob-Community Hamburg zurückgegriffen. Anders als auf *YouTube* sind die Bilder hier auf einen wesentlich kleineren Personenkreis ausgerichtet, bei denen es sich um aktive Teilnehmer handelt, die bei der Live-Performance mitgewirkt haben. Zwar können die Videos auch von Außenstehenden angesehen werden, jedoch ist der Bekanntheitsgrad von *YouTube* wesentlich höher, sodass eine Rezeption der Videos über diese Plattform wahrscheinlicher ist. Zudem suggeriert die lokale Ausrichtung der Community eine Fokussierung auf einen bestimmten Adressatenkreis. Dies unterstreicht der erschwerte Zugang zu den Videos, der nur Mitgliedern bekannt sein wird: Im Forum, unter der Rubrik *Nachbereitung*, existieren mehrere Unterforen mit Titeln der vergangenen Aktionen, in denen die Videos gepostet werden. Auch die Nachbesprechung der *Freeze*-Flashmob, die in der Phase der Durchführung näher besprochen wurde, findet hier auf textlicher und audiovisueller Ebene statt. Während für die Videos auf *YouTube* diverse Gebrauchsweisen und damit einhergehend vielfältige Funktionen identifiziert werden konnten, sind diese im Kontext der Flashmob-Community auf bestimmte Aspekte reduziert. Dazu gehören neben dem Aspekt der Selbstvergewisserung auch die Bestätigung der Gruppe und des Gemeinschaftsgefühls. So kann mithilfe der Bilder das Gefühl der körperlichen Nähe zwischen den Teilnehmern in den virtuellen Raum transportiert werden.

In Opposition zu *YouTube* steht das Video jedoch nicht länger im Mittelpunkt der Diskussion und verliert seine exponierte Stellung. Im Kontext des Community-Forums stellt es nicht mehr die Grundlage für die Kommunikation dar, sondern wird in diese eingeflochten. So überwiegen die Textbeiträge bei weitem. Sie enthalten detaillierte Erfahrungsberichte, Verbesserungsvorschläge und Wünsche für die folgenden Aktionen. Für die Mitglieder der Flashmob-Community fungiert das Video demnach zwar auch als

Kollektivsymbol und Beleg über die eigene Handlung, in erster Linie ist es jedoch eine audiovisuelle Verstärkung der Wortbeiträge.[147]

Das Forum der Flashmob-Community Hamburg steht stellvertretend für die diversen Community-Plattformen, auf welche die Videos von *YouTube* aus weitergeleitet werden. Darüber hinaus gibt es jedoch auch Clips, die aufgrund ihrer Popularität einen Medienwechsel erfahren. So gelangen sie in den Kontext der traditionellen Medien und werden hier meist in Nachrichten- oder Kultursendungen thematisiert. In diesem Fall bleibt die Möglichkeit des Bildhandelns für die Zuschauer verwehrt. Ihre Reaktionen haben keinerlei Einfluss auf das Video. Die Bedeutung und Funktion des Videos ist somit nicht mehr abhängig von dem Bildergebrauch durch die Zuschauer, sondern wird in erster Linie durch das Format der Sendung und die Thematik des Beitrags festgelegt, in den die Clips eingebettet sind bzw. die Fotos besprochen werden.

4.5 Entgrenzung der Räume = Performance 2.0

Bislang galt der Schwerpunkt der Analyse den einzelnen Phasen, aus denen sich der „Prozess Flashmob" zusammensetzt. Es wurde deutlich, dass sich Flashmobs nicht ausschließlich über die Aktion im öffentlichen Raum definieren lassen, sondern dass auch die Vor- und Nachbereitung prozessimmanent und damit definitorisch relevant sind.

So wird die *Phase der Vorbereitung* von den Flashmobbern genutzt, um sich über neue Ideen künftige Aktionen betreffend auszutauschen, diese zu planen und bereits feststehende Termine über verschiedene Online-Plattformen anzukündigen. In der *Phase der Durchführung* werden die Ideen in die Tat umgesetzt. Der öffentliche Raum wird zum Schauplatz des Geschehens und für die Dauer des Flashmob in Besitz genommen. Einen wichtigen Faktor stellen die Zuschauer dar, denn erst auf Grundlage ihrer Anwesenheit und Reaktion konstituiert sich die Aktion. Im Anschluss daran erfolgt ein erneuter Medienwechsel. In der *Phase der Bilderwanderung* avanciert das Internet

---

147 Siehe die Nachbesprechung der *Freeze*-Flashmobs: http://flashmob-hh.de/phpBB3/ viewtopic.php?f=9&t=313 [01. 07. 2010] (archiviert durch *WebCite* unter http://www.webcitation.org/5r2r3SMbx).

zur Bühne der digitalen Auf- und Nachbereitung der Aktion. Dass es sich nicht nur im Falle der Live-Aktion, sondern auch bei der mediatisierten Performance um eine performative Darstellungsform handelt, zeigt der Gebrauch der Bilder im Internet. Diese werden kommentiert, weitergeleitet und somit immer wieder neu kontextualisiert. Folglich zirkulieren sie auf verschiedenen Plattformen, wo sie unter anderem auch zur Werbung für kommende Aktionen eingesetzt werden. In diesem Fall stellt das Bild den Anstoß für einen weiteren Flashmob dar – aus dem Prozess wird dann ein Kreislauf.

Galt das Hauptaugenmerk bislang der Spezifik der einzelnen Phasen, soll der Fokus an dieser Stelle neu justiert und der Übergang zwischen den Phasen betrachtet werden. Hierdurch soll das Verhältnis vom urbanen öffentlichen und dem virtuellen Raum näher bestimmt werden.

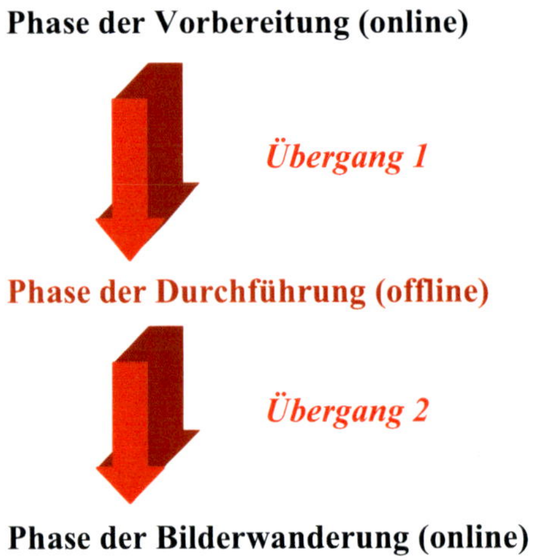

Phase der Vorbereitung (online)

Übergang 1

Phase der Durchführung (offline)

Übergang 2

Phase der Bilderwanderung (online)

Abb. 14 Flashmobs als fortlaufender Kommunikationsprozess

Einige Begriffe, die sich auf den Zwischenbereich der einzelnen Phasen beziehen, sind bereits genannt worden. Dazu gehört neben dem *Spill-over-Effekt* (vgl. Kapitel 4.2), der den Übergang von Phase 1 zu Phase 2 beschreibt, auch die Charakterisierung des Videos als Mittler, das die Phase der Durchführung mit der Phase der Bilderwanderung verknüpft. Daraus lässt sich ableiten, dass der Übergang zwischen den Phasen gradueller Natur ist und für die Flashmobber vermutlich nicht mit einem spürbaren Bruch verbunden ist. Wie beschrieben, kann die Organisationsstruktur eines Flashmob

auch als fortlaufender Kommunikationsprozess bezeichnet werden. Diese
Aussage lässt sich mithilfe der folgenden Abbildung veranschaulichen:

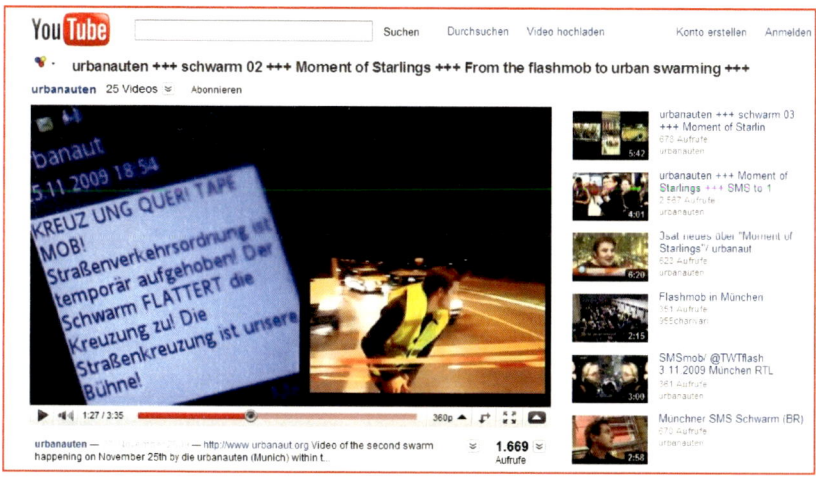

Abb. 15 Die drei Phasen eines Flashmob visuell vereint.
Video Still von *Moment of Starlings, Schwarm 2*
(Quelle: http://www.youtube.com/watch?v=vkU8OtJqQdQ [06.07.2010]

Zu sehen ist ein Still eines Flashmob-Videos, welches in die audiovisuelle
Plattform *YouTube* eingebettet ist. Das Video Still ist in zwei Bildbereiche
aufgeteilt. Auf der linken Seite des Videofensters ist ein Handydisplay zu
sehen, auf dem der Inhalt einer SMS zu lesen ist. Sie enthält eine Aufforderung an die Flashmobber, eine bestimmte Handlung durchzuführen, womit
dieser Teil der Abbildung der *Phase der Vorbereitung* zugerechnet werden
kann. Rechts daneben ist ein Bild montiert, das einen Mann im Vollzug dieser Handlung zeigt. Er läuft über eine Verkehrsstraße und stoppt die heran-
kommenden Fahrzeuge mithilfe eines Abtrennungsbandes. Ein Moment aus
der *Phase der Durchführung* wird hier im Bild eingefangen. Durch die Umgebung des Videos – die Online-Plattform *YouTube* – ist die *Phase der Bilderwanderung* ebenfalls präsent. Die Abbildung zeigt also eine visuelle Ver-
einigung der ansonsten zeitlich aufeinander folgenden Phasen, wodurch deren fließender Übergang demonstriert wird.

Da die einzelnen Phasen an Räume gebunden sind, liegt es nahe, dass der
fließende Übergang auch für die Raumstrukturen vom urbanen öffentlichen
und öffentlich virtuellem Raum gilt. So findet die *Phase der Vorbereitung* im

virtuellen Raum statt, inhäriert jedoch zugleich Rückbezüge zum materiellen
Raum. Diese Rückkopplungen sind sowohl technologisch induziert als auch
von den Flashmobbern selbst geschaffen (vgl. UNGER 2010: 106). In Foren
diskutieren sie über Aktionen, die außerhalb der virtuellen Weiten stattfinden, zudem nutzen sie mit *Twitter* eine Web-2.0-Anwendung, die eine le-
bensweltliche Sinndimension enthält (vgl. ebd.: 107). Indem dieser Dienst in
erster Linie dazu genutzt wird, Außenstehende über die eigenen aktuellen
Aktivitäten zu informieren, die größtenteils außerhalb des Internets stattfinden, enthält er eine Verzahnung von virtuellem und materiellem Raum. Diese
Verschränkung kann auch anhand des Übergangs zwischen der *Phase der
Durchführung* und der *Bilderwanderung* illustriert werden. So weist das Filmen der Aktionen bereits über den Ort der Aufführung hinaus. Es geschieht
mit der Intention, das entstandene Video im Internet zu veröffentlichen. In
dieser Praxis spiegelt sich erneut eine hybride Anbindung an das World Wide
Web wider. Aus den aufgeführten Beispiele wird ersichtlich, dass die Handlungen der Akteure sowie die verwendeten Technologien über den Raum,
indem sie stattfinden bzw. verwendet werden, hinausweisen und Bezüge zum
materiellen (Übergang 1) respektive virtuellen Raum (Übergang 2) inhärieren. Der fließende Übergang zwischen den einzelnen Phasen gilt somit auch
für die Konstitution der Raumbeziehung.

Im Prozess eines Flashmob verbinden sich demnach die unterschiedlichen
Topographien der Räume. Damit stellt er ein Beispiel für die u. a. aus Sicht
der Soziologie konstatierte *Entgrenzung der Räume* dar (vgl. bspw. AHRENS
2003). Ein weiteres Beispiel, das diese These veranschaulicht, ist der Prozess
der Partnersuche über verschiedene Dating-Portale im Internet.[148] Auch hier
erfolgt der erste Kontaktaustausch online. Ziel ist es jedoch, die andere Person *face-to-face* kennenzulernen und sie im öffentlichen Raum einem „Reali-
tätstest" zu unterziehen. Auf ein erfolgreiches Treffen folgt in aller Regel ein
erneuter Medienwechsel und der Austausch wird über E-Mail- oder Chat-
Kommunikation fortgesetzt (vgl. DÖRING 2000). Die in beiden Fällen vorliegende Verzahnung von materiellem und virtuellem Raum thematisiert die
Techniksoziologin DANIELA AHRENS (AHRENS 2003). Sie untersucht die
Folgen der Nutzung elektronischer Vernetzungstechnologien und kommt zu
dem Schluss, dass „die bislang stabil gedachten Räume und Grenzen, auf die
man sich verlassen konnte, als kontingent erfahrbar werden" (ebd.: 175).

---

148 hier beispielsweise www.parship.de [28.06.2010]

Infolgedessen kommt es ihrer Einschätzung nach zu einer Ausbildung hybrider Raumstrukturen (vgl. ebd.: 186).[149] Wie in Kapitel 3 bereits erläutert, steht das Konzept der Hybridisierung für eine Kombination aus Formen, die durch Vermischungen, Verkettungen oder Vernetzungen entstehen (vgl. Kapitel 3.3). Im Falle der Flashmobs muss die Hybridisierung im Sinne einer Verkettung gedacht werden, da die einzelnen Phasen und somit auch die Übergänge zwischen den Räumen zeitlich aufeinander folgen.

Auf Basis dieser Erkenntnis soll im Folgenden der Versuch einer Definition des in dieser Arbeit etablierten Begriffs *Performance 2.0* erfolgen. In Kapitel 3 wurde zunächst der Begriff der Performance näher erläutert und auf den Untersuchungsgegenstand übertragen. Dabei wurde unter anderem deutlich, dass sich Performances durch einen prozessualen Charakter auszeichnen, der neben dem Vollzug einer Handlung auch deren Planung und ihre mediale Reproduktion umfasst. Auf Grundlage dessen wurden in Kapitel 4 die drei verschiedenen Phasen eines Flashmob vorgestellt und dieser in seiner Prozesshaftigkeit analysiert. Für das übergeordnete Ziel dieser Arbeit, den Begriff der *Performance 2.0* für die Bezeichnung der Flashmob-Aktionen zu verwenden, wurde zudem die Bedeutung des Internets, präziser des Web 2.0, erläutert. Es wurde gezeigt, dass die Planung und Ankündigung eines Flashmob verschiedene Web-2.0-Dienste bedingt. Zudem nutzen die Flashmobber unterschiedliche Online-Plattformen als audio-visuelles Sprachrohr, um darüber die medialen Zeugnisse der Aktionen zu verbreiten. Somit wurden im Argumentationsgang dieser Arbeit die einzelnen begrifflichen Elemente, die für den Begriff der Performance 2.0 elementar sind, näher vorgestellt. Sie stehen stellvertretend für die Phasen eines Flashmob.

Während der Begriff der Performance die Phase der Durchführung beschreibt und auf den prozessualen Charakter der Aktionen verweist, steht der Begriff des (Web) 2.0 für die online stattfindenden Phasen der Vorbereitung und Bilderwanderung. Durch die Feststellung, dass im Prozess eines Flashmob eine Entgrenzung der Räume stattfindet, wird folglich der materielle mit dem virtuellen Raum verknüpft. Somit fließen die verschiedenen Aktions- und Handlungsräume der Flashmobber ineinander. Diese somit vollzogene „Entgrenzung der Begriffe" lässt sich vereinfacht durch die „Gleichung" *Performance + 2.0 = Performance 2.0* darstellen.

---

149 Vgl. auch HEPP (2006b); er erschließt die Entgrenzung der Räume mithilfe der Metaphern von Netzwerk und Fluss.

Performance 2.0 ist demnach ein *performativer Prozess, der neben einem visuellen Ereignis im öffentlichen Raum auch dessen Vor- und seine mediale Nachbereitung, die im virtuellen Raum des Internets stattfinden, beinhaltet.*

5   Schlussbemerkungen und Ausblick

*"Collective action can be political but it can also be social. It can be
a party. Whenever a new means of communication comes along,
large social changes follow. Flash mobbing may be a fad that passes away,
or it may be an indicator of things to come."* (DAY/COMAN 2003)

Acht Jahre nach dieser Aussage im *Daily Telegraph* ist sicher: Flashmobs
sind keine kurze Laune, keine Modeerscheinung, die nach einer Saison wieder vorüber ist. Flashmobs sind zu einer kulturellen Praxis avanciert, der sich
immer mehr Menschen anschließen.

In der vorliegenden Arbeit wurden Flashmobs im Hinblick auf ihren prozesshaften Charakter untersucht. Die Intention dieser Arbeit war es zu zeigen, dass das Wesen eines Flashmob nicht allein durch das ephemere Ereignis im öffentlichen Raum beschrieben werden kann. Aufgrund dessen wurde
der Untersuchungsgegenstand als Prozess analysiert, der neben der Vor- auch
die Nachbereitung des Live-Ereignisses beinhaltet.

In einer kulturhistorischen Verortung ließen sich Flashmobs zunächst als
ein hybrides Phänomen beschreiben, das Elemente aus Kunst und Populärer
Kultur vereint. Mit Happening, Fluxus und der Performance Art wurden drei
Zweige der Aktionskunst vorgestellt, die über wesentliche Eigenschaften
verfügen, die auch für Flashmobs elementar sind. Dazu gehört die enge Bindung an den urbanen Raum, die Zusammenarbeit im Kollektiv und die Interaktion mit dem Publikum. Eine weitere Gemeinsamkeit ist der prozessuale
Charakter, der sich neben dem Vollzug einer Handlung auch in deren Vorbereitung manifestiert. In der Performance Art ist zudem die Reproduktion
der Live-Aktion prozessimmanent.

Neben dieser kunstgeschichtlichen Kontextualisierung wurde der Untersuchungsgegenstand auch innerhalb der Populären Kultur verortet. Unter
Rückgriff auf GERHARD SCHULZE wurde sein Konzept der Erlebnisgesellschaft vorgestellt und mit Events eine populärkulturelle Ausdrucksform beschrieben, die in wesentlichen Parametern mit Flashmobs übereinstimmt.
Dies betrifft insbesondere das Gemeinschaftserlebnis und die emotionale
Bindung, die daraus erwächst. Zudem wurde auch hier deutlich, dass Events
nicht nur ein Ereignis beschreiben, sondern einen mehrstufigen Prozess darstellen. So wurde unter anderem auf RONALD HITZLER zurückgegriffen, der

konstatiert, dass für ein Event auch dessen Vorbereitung sowie mediale Aufzeichnung konstitutiv ist. Neben diesen Parallelen wurden auch wesentliche
Unterschiede evident. Im Gegensatz zu den Veranstaltern eines Events verfolgen die Flashmobber keinen kommerziellen Erfolg. Sie kehren dem Angebot eines Erlebnismarktes den Rücken und kreieren ihr Unterhaltungsangebot selbst.

Unter Bezugnahme auf ERIKA FISCHER-LICHTE wurde gezeigt, dass sich
der Begriff der Performance sehr gut dafür eignet, dieser Vermischung von
Ästhetiken gerecht zu werden. Sie stellt den performativen Charakter von
Handlungen in den Vordergrund und verwendet Performances als Begriff,
der nicht nur ästhetische, sondern auch soziale Ausdrucksformen beinhaltet.

Auf Basis dieser Kontextualisierung des Untersuchungsgegenstands wurde im weiteren Verlauf die Organisationsstruktur eines Flashmob näher betrachtet. In Anlehnung an RONALD HITZLER wurde der Flashmob-Prozess in
drei Phasen untergliedert, die im weiteren Verlauf mithilfe von Beispielen
illustriert wurden. In diesem Rahmen wurde sowohl die Bedeutung des Web
2.0 thematisiert als auch die unterschiedlichen Dimensionen der Aktion im
öffentlichen Raum herausgearbeitet. So wurde am Beispiel eines Freeze-
Flashmob gezeigt, dass dieser neben ereignishaften und sozialen auch über
subversive Merkmale verfügt.

Darüber hinaus wurde deutlich, dass der Ablauf eines Flashmob einen
fortlaufenden Kommunikations- bzw. Handlungsprozess darstellt, der sich
über zwei Räume erstreckt: den urbanen sowie den virtuellen Raum. Als
Mittler zwischen diesen Räumen fungieren die digitalen Aufzeichnungen der
Aktionen. Das Video wurde näher beleuchtet und gezeigt, wie es im Zuge
einer Bilderwanderung auf verschiedenen Plattformen im Internet neu kontextualisiert wird. Dadurch emanzipiert sich das Video von der Live-Aktion
und erfährt eine andere Bedeutungszuschreibung. Es wurde herausgearbeitet,
dass das Video ein Kommunikationsmittel darstellt, das den Flashmobbern
sowohl als Beweis- als auch als Werbemittel sowie als Verstärker der Gemeinschaft dient.

Das übergeordnete Ziel dieser Arbeit war es, eine neue Begrifflichkeit für
das Phänomen Flashmob zu entwickeln: *Performance 2.0.* Um zu erklären,
worauf mit diesem Ausdruck verwiesen wird, wurde im Argumentationsgang
dieser Arbeit zunächst der Begriff der Performance und dann des Web 2.0
erläutert. Sie stehen stellvertretend für die einzelnen Aspekte, die das Wesen
eines Flashmob auszeichnen. Während der Begriff der Performance auf die
Aktion im öffentlichen Raum rekurriert und zudem auf den Prozesscharakter

des Untersuchungsgegenstands verweist, steht das (Web) 2.0 für die Bedeutung des Internets und die Phasen eines Flashmob, die im virtuellen Raum
stattfinden. Der Begriff Performance 2.0 bezieht sich somit auch auf die
Konstitution der Räume, die im Verlauf eines Flashmob miteinander ver-
zahnt werden.

Ausblick

In der vorliegenden Arbeit wurden Flashmobs als Phänomen beschrieben,
das seinen Teilnehmern ein Gefühl von Gemeinschaft vermittelt, Spaß be-
reitet und für Aufmerksamkeit sorgt. Zudem wurde auch ihr Potenzial zur
Subversion angesprochen. Nicht zum Thema dieser Arbeit gehörte eine aktuelle Tendenz, nach der die Idee des Flashmob für destruktive Ziele instru-
mentalisiert wird. Dies könnte Anlass für einen möglichen weiteren For-
schungsansatz sein. Ein Beispiel ist die rechtsextreme Szene, die das Konzept eines Flashmob für ihre Ziele missbraucht. Aufgrund ihrer Flüchtigkeit
werden sie als Möglichkeit genutzt, dem Zugriff der Polizei zu entgehen.
Zudem bergen Flashmobs im Vergleich zu traditionellen Demonstrationen
den Vorteil, dass sie nicht anmeldepflichtig sind. In Opposition zu diesen
negativen Auswüchsen könnte auch das Potenzial der Flashmobs als Protest-
mittel untersucht werden. Welche Chancen bietet diese Form der Organisation und welche Parallelen gibt es zu Vorläufern in der Geschichte der Pro-
testformen?

Eine weiterer Aspekt, der im Rahmen dieser Arbeit nicht behandelt wurde, betrifft die kommerzielle Vereinnahmung des Phänomens: Durch das
mediale Echo, das vermeintlich Neue, Brisante und Andersartige, durch das
sich Flashmobs auszeichnen, sind auch die Marketingexperten auf das Phänomen aufmerksam geworden. Sie kopieren die Flashmob-Idee, um Aufmerksamkeit für ein Unternehmen oder ein neues Produkt zu generieren. So
zeigt der Werbespot des Unternehmens *T-Mobile* tausende Menschen, wie
sie im Bahnhof von Liverpool Walzer tanzen und die Zuschauer das Geschehen auf *T-Mobile*-Handys festhalten. Auch die diesjährigen Veranstalter des
Eurovision Song Contests haben auf das Konzept „Flashmob" gesetzt. Unter
dem Motto „Share the moment" führten u. a. Menschen aus Island, Spanien,
Irland, England und Deutschland den Eurovision Flashmob-Dance auf. Wie
weit die kommerzielle Vereinnahmung der Flashmob-Idee reicht, zeigt eine
Idee der Studierenden des Tourismusmanagement an der Hochschule Bre-
men: Ihr Konzept heißt Flashmob-Tourismus. Ziel ist es, Pauschalreisen zu
den Aktionen in aller Welt anzubieten.

Die hier skizzierten Möglichkeiten für weitere Forschungsansätze zeigen: *Flashmobs are an indicator of things to come.*

Literaturverzeichnis

3Sat (2009): Mit dem Konsum zum Klimaschutz beitragen. Carrotmobs – eine moderne Form des Protests.
http://www.3sat.de/dynamic/sitegen/bin/sitegen.php?tab=2&source=/nano/astuecke/1 40472/index.html [04.04.2010]

ABELS, HEINZ (2001): *Interaktion, Identität, Präsentation. Kleine Einführung in interpretative Theorien der Soziologie*, 2. Aufl., Wiesbaden: Westdt. Verl.

AHRENS, DANIELA (2003): Die Ausbildung hybrider Raumstrukturen am Beispiel technosozialer Zusatzräume, in: CHRISTIANE FUNKEN/MARTINA LÖW (Hrsg.): *Raum – Zeit – Medialität. Interdisziplinäre Studien zur neuen Kommunikationstechnologien*, Opladen: Leske + Budrich, 173–191.

AICHNER, CHRISTIAN (2010): Flashmobs. Spontanpartys mit Folgen.
http://www.sueddeutsche.de/computer/327/501581/text/ [15.05.2010]

ALBY, TOM (2008): *Web 2.0. Konzepte, Anwendungen, Technologien*, 3. Aufl., München: Hanser.

AMANN, MARC (2005): *go.stop.act! Die Kunst des kreativen Straßenprotests*, Grafenau: Trotzdem-Verl.

ANGERER, MARIE-LUISE (2002): Performance und Performativität, in: HUBERTUS BUTIN (Hrsg.): *DuMonts Begriffslexikon zur zeitgenössischen Kunst*, Köln: DuMont, 241–245.

ARNS, INKE (2004): Interaktion, Partizipation, Vernetzung. Kunst und Telekommunikation.
http://www.medienkunstnetz.de/themen/medienkunst_im_ueberblick/kommunikation /print/ [22.05.2010]

AUSLANDER, PHILIP (1999): *Liveness. Performance in a mediatized culture*, London [u.a.]: Routledge.

Autonome a.f.r.i.k.a. Gruppe/BLISSETT, LUTHER/BRÜNZELS, SONJA (2001): *Handbuch der Kommunikationsguerilla*, 4. Aufl., Berlin: Assoziation A.

BACHMANN-MEDICK, DORIS (2007): *Cultural turns. Neuorientierungen in den Kulturwissenschaften*, 2. Aufl., Reinbek: Rowohlt.

BAMMERT, BASTIAN (2009): *Imperfekte Bilder – über den zunehmenden Einfluss von Medienamateuren auf unsere visuelle Kultur am Beispiel des Films Cloverfield* [Universität Siegen, unveröffentlicht].

BAUER, KATRIN (2009): *Jugendkulturelle Szenen als Trendphänomene. Geocoaching, Crossgolfen, Parkour und Flashmobs in kulturanthropologischer Perspektive* [Diss., Univ. Bonn].

BECK, ULRICH (1986): *Risikogesellschaft. Auf dem Weg in eine andere Moderne*, Frankfurt a.M.: Suhrkamp.

BELTING, HANS (2001): *Bild-Anthropologie. Entwürfe für eine Bildwissenschaft*, München: Fink.

BENJAMIN, WALTER (1974): *Das Kunstwerk im Zeitalter seiner technischen Reproduzierbarkeit. Drei Studien zur Kunstsoziologie*, 7. Aufl., Frankfurt a.M.: Suhrkamp.

BLEICHER, JOAN KRISTIN (2009): Zirkulation medialer Bilderwelten. Wechselwirkungen zwischen Fernsehen und YouTube, in: HANNAH BIRR/MAIKE SARAH REINERTH/JAN-NOËL THON (Hrsg.): *Probleme filmischen Erzählens*, Berlin: Lit, 177–191.

BUCHER, HANS-JÜRGEN/ERLHOFER, SEBASTIAN/KALLASS, KERSTIN/LIEBERT, WOLF-ANDREAS (2008): Netzwerkkommunikation und Internet-Diskurse: Grundlagen eines netzwerkorientierten Kommunikationsbegriffs, in: ANSGAR ZERFASS/MARTIN WELKER/JAN SCHMIDT (Hrsg.): *Neue Schriften zur Online Forschung. Kommunikation, Partizipation und Wirkungen im Social Web. Grundlagen und Methoden: Von der Gesellschaft zum Individuum*, Bd. 1, Köln: Halem, 41–61.

BUSEMANN, KATHRIN/GSCHEIDLE, CHRISTOPH (2009): Web 2.0: Communitys bei jungen Nutzern beliebt. Ergebnisse der ARD/ZDF-Online Studie 2009, in: *Media Perspektiven* 7/2009, 356–364.
Online unter: http://www.media-perspektiven.de/uploads/tx_mppublications/Busemann_7_09.pdf [26.05.2010]

CASTELLS, MANUEL (2001a): Bausteine einer Theorie der Netzwerkgesellschaft, in: *Berliner Journal für Soziologie*, Band 11, 423–429.

CASTELLS, MANUEL (2001b): *Der Aufstieg der Netzwerkgesellschaft*, Opladen: Leske + Budrich.

CROUCHER, MARTIN (2008): Pillow Fighters Transform London into 'Urban Playground'. http://en.epochtimes.com/news/8-4-12/69052.html [04.02.2010].

DAY, ELIZABETH/JULIAN COMAN (2003): You have been flash mobbed. http://www.telegraph.co.uk/news/worldnews/northamerica/usa/1438482/You-have-been-flash-mobbed.html [02.07.2010]

DEBORD, GUY (1996): *Die Gesellschaft des Spektakels*. Dt. Erstveröff. [Orig.:1967], Berlin: Ed. Tiamat.

DELIO, MICHELLE (2003): E-Mail mob takes Manhattan. http://www.wired.com/culture/lifestyle/news/2003/06/59297 [02.02.2010]

DETERDING, SEBASTIAN (2009): Virtual Communities, in: RONALD HITZLER/ANNE HONER/MICHAELA PFADENHAUER (Hrsg.): *Posttraditionale Vergemeinschaftung*, Wiesbaden: VS, 115–131.

DINKLA, SÖKE (1997): *Pioniere interaktiver Kunst von 1970 bis heute*, Ostfildern: Cantz.

DÖRING, NICOLA (2000): Romantische Beziehungen im Netz, in: CAJA THIMM (Hrsg.): *Soziales im Netz. Sprache, Beziehungen und Kommunikationskulturen im Internet*, Opladen: Westdt. Verl., 39–71.

DREHER, THOMAS (2001): *Performance Art nach 1945. Aktionstheater und Intermedia*, München: Fink.

EBERSBACH, ANJA/GLASER, MARKUS/HEIGL, RICHARD (2008): *Social Web*, Konstanz: UVK.

EIGTVED, MICHAEL (2004): Nouveau Cirque/Neuer Zirkus – neue Perspektiven auf Performativität, in: ERIKA FISCHER-LICHTE/CLEMENS RISI/JENS ROSELT, *Kunst der Aufführung – Aufführung der Kunst*, Berlin: Theater der Zeit, 250–265.

ENGELBACH, BARBARA (2001): *Zwischen Body Art und Videokunst*, München: Schreiber.

ERNST, WOLFGANG (2002), Temporary Items: Die Beschleunigung des Archivs, in: IMMANUEL CHI/SUSANNE DÜCHTING/JENS SCHRÖTER (Hrsg.): *Ephemer_Temporär_Provisorisch: Aspekte von Zeit und Zeitlichkeit in Medien, Kunst und Design*, Essen: Klartext, 77–89.

FAHLENBRACH, KATHRIN (2009): Protest-Räume – Medien-Räume. Zur rituellen Topologie der Straße als Protest Raum, in: SANDRA MARIA GESCHKE (Hrsg.): *Straße als kultureller Aktionsraum. Interdisziplinäre Betrachtungen des Straßenraums an der Schnittstelle zwischen Theorie und Praxis*, Wiesbaden: VS, 98 bis 108.

FISCHER-LICHTE, ERIKA (2000), Live-Performance und mediatisierte Performance, in: *Theaterwissenschaftliche Beiträge. Beilage Theater der Zeit* 10/2000, 10–13.

FISCHER-LICHTE, ERIKA (2000): Vom Text zur Performance. Der Performative Turn in den Kulturwissenschaften, in: *Kunstforum International*, Bd. 152, 61–63.

FISCHER-LICHTE, ERIKA (2001): Wahrnehmung und Medialität, in: ERIKA FISCHER-LICHTE/CHRISTIAN HORN/SANDRA UMATHUM/MATTHIAS WARSTAT (Hrsg.): *Wahrnehmung und Medialität*, Tübingen [u.a.]: Francke, 11–31.

FISCHER-LICHTE, ERIKA (2003): Performativität und Ereignis, in: ERIKA FISCHER-LICHTE/CHRISTIAN HORN/SANDRA UMATHUM/MATTHIAS WARSTAT (Hrsg.): *Performativität und Ereignis*, Tübingen [u.a.]: Francke, 11–37.

FISCHER-LICHTE, ERIKA (2004a): *Ästhetik des Performativen*, Frankfurt a.M.: Suhrkamp.

FISCHER-LICHTE, ERIKA (2004b): Einleitende Thesen zum Aufführungsbegriff, in: ERIKA FISCHER-LICHTE/CLEMENS RISI/JENS ROSELT (Hrsg.): *Kunst der Aufführung. Aufführung der Kunst*, Berlin: Theater der Zeit, 11–27.

FISCHER-LICHTE, ERIKA/KREUDER, FRIEDEMANN/PFLUG, ISABEL (Hrsg.) (1998): *Theater seit den 60er Jahren. Grenzgänge der Neo-Avantgarde*, Tübingen [u.a.]: UTB.

FISCHER-LICHTE, ERIKA/RISI, CLEMENS/ROSELT, JENS (Hrsg.) (2004): *Kunst der Aufführung. Aufführung der Kunst*, Berlin: Theater der Zeit.

FRIEDMAN, KEN (1999a): A transformative vision of fluxus, in: ders. (Hrsg.): *The Fluxus Reader*, Chichester: Acad. Ed., VIII–X.

FRIEDMAN, KEN (1999b): Fluxus and Company, in: ders. (Hrsg.), *The Fluxus Reader*: Chichester: Acad. Ed., 237–253.

FRIELING, RUDOLF (1997): Ohne Probe – Aspekte prozessualer Medienkunst, in: RUDOLF FRIELING/DIETER DANIELS (Hrsg.): *Medien – Kunst – Aktion. Die 60er und 70er Jahre in Deutschland*, Wien: Springer, 156–169.

FRIELING, RUDOLF (2004): Real/Medial. Hybride Prozesse zwischen Kunst und Leben.
http://www.medienkunstnetz.de/themen/medienkunst_im_ueberblick/performance/1/ [20.05.2010].

FRIELING, RUDOLF/HERZOGENRATH, WULF (Hrsg.) (2006): *40jahrevideokunst.de. Digitales Erbe. Videokunst in Deutschland von 1963 bis heute*, Ostfildern: Hatje Cantz.

GEBHARDT, WINFRIED (2000): Feste, Feiern und Events. Zur Soziologie des Außergewöhnlichen, in: WINFRIED GEBHARDT/RONALD HITZLER/MICHAELA PFADENHAUER (Hrsg.): *Events. Soziologie des Außergewöhnlichen*, Opladen: Leske + Budrich, 17–33.

GEBHARDT, WINFRIED (2002): Die Verszenung der Gesellschaft und die Eventisierung der Kultur, in: UDO GÖTTLICH/ALBRECHT CLEMENS/WINFRIED GEBHARDT (Hrsg.): *Populäre Kultur als repräsentative Kultur. Die Herausforderung der Cultural Studies*, Köln: Halem, 287–305.

GEBHARDT, WINFRIED (2009): Gemeinschaften ohne Gemeinschaft. Über situative Event-Vergemeinschaftungen, in: RONALD HITZLER/ANNE HONER/MICHAELA PFADENHAUER (Hrsg.): *Posttraditionale Vergemeinschaftung*, Wiesbaden: VS, 202–213.

GERHARDS, MARIA/KLINGLER, WALTER/TRUMP, THILO (2008): Das Social Web aus Rezipientensicht: Motivation, Nutzung und Nutzertypen, in: ANSGAR ZERFASS/

MARTIN WELKER/JAN SCHMIDT (Hrsg.): *Neue Schriften zur Online Forschung. Kommunikation, Partizipation und Wirkungen im Social Web. Grundlagen und Methoden: Von der Gesellschaft zum Individuum*, Band 1, Köln: Halem, 129 bis 149.

GLESNER, JULIA (2005): *Theater und Internet*, Bielefeld: Transcript.

HASEBRINK, UWE (2009): Die Nutzung sozialer Netzwerke im Internet durch Jugendliche. „In Netzen gefangen?! Jugendliche in virtuellen Communities." http://www.fes.de/forumpug/inhalt/documents/Hasebrink.pdf [20.05.2010]

HECKEN, THOMAS (2007): *Theorien der Populärkultur. Dreißig Positionen von Schiller bis zu den Cultural Studies*, Bielefeld: Transcript.

HEEG, GÜNTHER (2004): Jenseits des Tableaus. Das geteilte Bild der Gemeinschaft, in: CHRISTIAN JANECKE (Hrsg.): *Performance* und *Bild – Performance* als *Bild*, Berlin: Fundus, 336–364.

HEPP, ANDREAS (2006a): *Transkulturelle Kommunikation*, Konstanz: UVK.

HEPP, ANDREAS (2006b): Translokale Medienkulturen: Netzwerke der Medien und Globalisierung, in: ANDREAS HEPP/FRIEDRICH KROTZ/SHAUN MOORES/CARSTEN WINTER (Hrsg.): *Konnektivität, Netzwerk und Fluss. Konzepte gegenwärtiger Medien-, Kommunikations- und Kulturtheorie*, Wiesbaden: VS, 43–69.

HITZLER, RONALD (2000): Ein bißchen Spaß muß sein! Zur Konstruktion kultureller Erlebniswelten, in: WINFRIED GEBHARDT/RONALD HITZER/MICHAELA PFADEN-HAUER (Hrsg.): *Events. Soziologie des Außergewöhnlichen*, Opladen: Leske + Budrich, 401–413.

HITZLER, RONALD (2009): Brutstätten posttraditionaler Vergemeinschaftung. Über Jungendszenen, in: RONALD HITZLER/ANNE HONER/MICHAELA PFADENHAUER (Hrsg.): *Posttraditionale Vergemeinschaftung*, Wiesbaden: VS, 56-72.

HITZLER, RONALD/HONER, ANNE/PFADENHAUER, MICHAELA (2009): Zur Einleitung: „Ärgerliche" Gesellungsgebilde?, in: dies. (Hrsg.), *Posttraditionale Vergemeinschaftung*, Wiesbaden: VS, 9–31.

HITZLER, RONALD/NIEDERBACHER, ARNE/BUCHER, THOMAS (Hrsg.) (2005): *Leben in Szenen. Formen jugendlicher Vergemeinschaftung heute*, 2. Aufl., Wiesbaden: VS.

HÜGEL, HANS-OTTO (2003): Einführung, in: ders. (Hrsg.): *Handbuch Populäre Kultur. Begriffe, Theorien und Diskussionen*, Stuttgart/Weimar: Metzler.

JANECKE, CHRISTIAN (2004): Performance *und* Bild – Performance *als* Bild, in: ders. (Hrsg.): *Performance* und *Bild – Performance* als *Bild*, Berlin: Fundus, 11–115.

JAPPE, ELISABETH (1993): *Performance – Ritual – Prozeß. Handbuch der Aktionskunst in Europa*, München [u.a.]: Prestel.

JENKINS, HENRY (2006): *Convergence culture. When old and new media collide*, New York: New York Univ. Press.

JOOSS, BIRGIT (2004): Die Erstarrung des Körpers zum Tableau. Lebende Bilder in Performances, in: CHRISTIAN JANECKE (Hrsg.): *Performance* und *Bild – Performance als Bild*, Berlin: Fundus, 272–304.

KAYE, NICK (2000): *Site-specific art. Performance, place, and documentation*, London: Routledge.

KEAZOR, HENRY/WÜBBENA, THORSTEN (2007): *Video thrills the radio star*, 2. Aufl., Bielefeld: Transcript.

KIRBY, MICHAEL (1965): *Happenings. An illustrated Anthology*, New York: Dutton.

KLEIN, GABRIELE/STING, WOLFGANG (2005): Performance als soziale und ästhetische Praxis. Zur Einführung, in: dies. (Hrsg.): *Performance. Positionen zur zeitgenössischen szenischen Kunst*, Bielefeld: Transcript, 7–25.

KNAPSTEIN, GABRIELE (2002): Fluxus, in: HUBERTUS BUTIN (Hrsg.): *DuMonts Begriffslexikon zur zeitgenössischen Kunst,* 1. Aufl., Köln: DuMont, 86–90.

KNOBLAUCH, HUBERT (2000): Das strategische Ritual der kollektiven Einsamkeit. Zur Begrifflichkeit und Theorie des Events, in: WINFRIED GEBHARDT/RONALD HITZER/MICHAELA PFADENHAUER (Hrsg.): *Events. Soziologie des Außergewöhnlichen*, Opladen: Leske+Budrich, 33–51.

KNÖFEL, ULRIKE (2003), Die Nonsens-Meute, in: *Der Spiegel*, Nr. 36, 160–161.

KOCH, GERTRUD (2004): Latenz und Bewegung im Feld der Kultur. Rahmungen einer performativen Theorie des Films, in: SYBILLE KRÄMER (Hrsg.): *Performativität und Medialität*, München: Fink, 163–189.

KÖNIG, MICHAEL (2009): Flashmobs im Wahlkampf. ‚Yeah' – das letzte Mittel gegen Merkel. http://www.sueddeutsche.de/politik/85/488480/text/ [05.02.2010]

KRÄMER, SYBILLE (2004): Was haben Performativität und Medialität miteinander zu tun? Playdoyer für eine in der Aisthetisierung gründende Konzeption des Performativen, in: dies. (Hrsg.): *Performativität und Medialität*. München: Fink, 13–33.

KRÄMER, SYBILLE (2005): Performance und Zeugenschaft, Vortrag, *13. Performance Art Konferenz*, Berlin 15.–17. Juli 2005.
http://www.formatlabor.net/blog/?p=162 [05.07.2010]

KRAUSSE, JOACHIM (2001): Ephemer, in: KARLHEINZ BARCK (Hrsg.): *Ästhetische Grundbegriffe. Historisches Wörterbuch in sieben Bänden*, Bd. 2., Stuttgart: Metzler, 240–260.

KROTZ, FRIEDRICH (2009): Posttraditionale Vergemeinschaftung und mediatisierte Kommunikation. Zum Zusammenhang von sozialem, medialem und kommunikativen Wandel, in: RONALD HITZLER / ANNE HONER / MICHAELA PFADENHAUER (Hrsg.): *Posttraditionale Vergemeinschaftung*, Wiesbaden: VS, 151–169.

KÜMMEL, PETER (2003): Flashmob. Der kurze Sommer der Anarchie. http://www.zeit.de/2003/38/Flashmobs?page=all [04.02.2010].

KURZENBERGER, HAJO (2005): Theatralität und populäre Kultur, in: GABRIELE KLEIN/WOLFGANG STING (Hrsg.): *Performance. Positionen zur zeitgenössischen szenischen Kunst*, Bielefeld: Transcript, 107–121.

LANGE, MARIE-LUISE (2006): *Performativität erfahren. Aktionskunst lehren Aktionskunst lernen*, Berlin: Schibri.

LAUERER, MATTHIAS (2009): Umweltfreundlicher Flashmob. Bio-Blitz für den Klimaschutz.
http://www.spiegel.de/wirtschaft/service/0,1518,657384,00.html [01.06.2010]

LEHMANN, HANS-THIES (2000): Das neue Theater: Urbaner Raum, potentieller Raum, in: *Theaterwissenschaftliche Beiträge. Beilage Theater der Zeit* 10/2000, 27–29.

LUHMANN, NIKLAS (2005): *Soziologische Aufklärung 5. Konstruktivistische Perspektiven*, 3. Auflage., Wiesbaden: VS.

MAROTZKI, WINFRIED (2003): Online-Ethnographie – Wege und Ergebnisse zur Forschung im Kulturraum Internet, in: BEN BACHMAIR/PETER DIEPOLD/CLAUDIA DE WITT (Hrsg.): *Jahrbuch für Medienpädagogik*, Opladen: Leske+Budrich, 149–167.

MAYER, RUTH (2008): Populärkultur, in: ANSGAR NÜNNING (Hrsg.): *Metzler-Lexikon Literatur- und Kulturtheorie*, Stuttgart: Metzler, 535–356.

MECKEL, MIRIAM (2008): Aus vielen wird das Eins gefunden – wie Web 2.0 unsere Kommunikation verändert, in: *Bundeszentrale für politische Bildung* (Hrsg.): *Politik und Zeitgeschichte*, Nr. 39, 17–23.

MERSCH, DIETER (2000a): Ereignis und Aura. Radikale Transformation der Kunst vom Werkhaften zum Performativen, in: *Kunstforum International*, Bd. 152, 94 bis 103.

MERSCH, DIETER (2000b): Tyche und Kairos. Ereignen zwischen Herrschaft und Begegnenlassen, in: *Kunstforum International*, Bd. 152, 134–137.

MICHELS, JASMIN (2009): Flashmob – Chaos mit Ansage. http://www.ksta.de/html/artikel/1246883684323.shtml [04.04.2010]

MÖRTENBECK, PETER (2008): Hürdenläufe der Ermächtigung: Free Running und die Inanspruchnahme der Idee von Stadt, in: BIRGIT RICHARD / ALEXANDER RUHL (Hrsg.): *Konsumguerilla. Widerstand gegen Massenkultur?*, Frankfurt a.M.: Campus, 261–271.

NICHOLSON, JUDITH (2005): Flash! Mobs in the Age of Mobile Connectivity, in: *Fibreculture Journal*. Issue 6 – Mobility, New Social Intensities and the Coordinates of Digital Networks.
http://journal.fibreculture.org/issue6/issue6_nicholson.html [01.02.2010]

NOLLERT, ANGELIKA (2005): Kunst ist Leben und Leben ist Kunst, in: RENÉ BLOCK/ANGELIKA NOLLERT (Hrsg.): *Ausstellungskatalog: Kollektive Kreativität*, Frankfurt a.M: Revolver, 19–29.

OHFF, HEINZ (1973): *Anti-Kunst*, Düsseldorf: Droste.

OPASCHOWSKI, HORST W. (2003): Freizeitkultur, in: HANS-OTTO HÜGEL (Hrsg.): *Handbuch Populäre Kultur. Begriffe, Theorien und Diskussionen*, Stuttgart: Metzler, 36–40.

PHELAN, PEGGY (1993): *Unmarked. The politics of performance*, London [u.a.]: Routledge.

RAJEWSKY, IRINA O. (2002): *Intermedialität*, Tübingen [u.a.]: Francke.

REGENER, SUSANNE (2006a): Bildgedächtnis, Blickkultur: Fotografie als intermediales Objekt, in: *Historische Anthropologie. Kultur – Gesellschaft – Alltag*, 14. Jg., H. 1, 119–132.

REGENER, SUSANNE (2006b): Visuelle Kultur, in: RUTH AYASS / JÖRG BERGMANN (Hrsg.): *Qualitative Methoden der Medienforschung*, Reinbek: Rowohlt, 435 bis 452.

RHEINGOLD, HOWARD (2002a): Smart Mobs. Die Macht der mobilen Vielen, in: KARIN BRUNS/RAMÓN REICHERT (Hrsg.) (2007): *Reader neue Medien*, Bielefeld: Transcript, 359–371.

RHEINGOLD, HOWARD (2002b): *Smart mobs: The next social revolution*. Cambridge: Perseus.

RHEINGOLD, HOWARD (2003): Flash Mobs: Just An Early Form Of Self-Organized Entertainment.
http://www.thefeaturearchives.com/topic/Culture/Flash_Mobs__Just_An_Early_Form_Of_Self-Organized_Entertainment.html [04.02.2010]

RICHARD, BIRGIT (2008): Art 2.0! Bildguerilla und Medienmeister, in: BIRGIT RICHARD/ALEXANDER RUHL (Hrsg.): *Konsumguerilla. Widerstand gegen Massenkultur*, Frankfurt a.M.: Campus, 225–247.

RICHARD, BIRGIT/DIEDRICHSEN, DIEDRICH (2008): Konsumguerilla: Ein Gespräch, in: BIRGIT RICHARD / ALEXANDER RUHL (Hrsg.): *Konsumguerilla. Widerstand gegen Massenkultur*, Frankfurt a.M.: Campus, 185–191.

RICHARD, BIRGIT/RUHL, ALEXANDER (2007): Der ‚tag‘ ist das Bild. ‚Ich‘ Sharing im kollektiven Universum der visualisierten Schlagworte, in: MARC RIES / HILDE-

GARD FRAUENEDER/KARIN MAIRITSCH (Hrsg.): *dating.21. Liebesorganisation und Verabredungskulturen*, Bielefeld: Transcript, 173–193.

SCHEIDER, FRANK APUNKT / FRIESINGER, GÜNTHER/*monochrom* (2009): „Urban Hacking" als praktische und als theoretische Kritik der öffentlichen Räume. Vorüberlegungen zu paraflows 09, in: JUDITH FEGERL/GÜNTHER FRIESINGER (Hrsg.): *Urban Hacking. Katalog zum Festival für Digitale Kunst und Kulturen, Paraflows 09*, Wien: Ed. Monochrom, 3–16.

SCHENK, MICHAEL/TADDICKEN, MONIKA/WELKER, MARTIN (2008): Web 2.0 als Chance für die Markt- und Sozialforschung?, in: ANSGAR ZERFASS/MARTIN WELKER/JAN SCHMIDT (Hrsg.): *Neue Schriften zur Online Forschung. Kommunikation, Partizipation und Wirkungen im Social Web. Grundlagen und Methoden: Von der Gesellschaft zum Individuum*, Bd. 1, Köln: Halem, 243–266.

SCHMIDT, JAN (2008): Was ist neu am Social Web. Soziologische und kommunikationswissenschaftliche Grundlagen, in: ANSGAR ZERFASS/MARTIN WELKER/JAN SCHMIDT (Hrsg.): *Neue Schriften zur Online Forschung. Kommunikation, Partizipation und Wirkungen im Social Web. Grundlagen und Methoden: Von der Gesellschaft zum Individuum*, Bd. 1, Köln: Halem, 18–40.

SCHMUNDT, HILMAR (2009): Enzensberger entdeckte den Flashmob. http://www.spiegel.de/netzwelt/netzpolitik/0,1518,646276,00.html [13.05.2010]

SCHNEEDE, UWE M. (2001): *Die Geschichte der Kunst im 20. Jahrhundert. Von den Avantgarden bis zur Gegenwart*, München: Beck.

SCHNEEDE, UWE M. (2007): Ritual als Werk. Joseph Beuys' Aktionen, in: AXEL MICHAELS/GERD ALTHOFF (Hrsg.): *Die neue Kraft der Rituale*, Heidelberg: Univ.-Verl. Winter, 67–85.

SCHNEIDER, IRMELA (1997), Von der Vielsprachigkeit zur ‚Kunst der Hybridation'. Diskurse des Hybriden, in: IRMELA SCHEIDER/CHRISTIAN W. THOMSEN (Hrsg.): *Hybridkultur. Medien – Künste – Netze*, Köln: Wienand, 13–67.

SCHNEIDER, FRANK APUNKT / FRIESINGER, GÜNTHER / *monochrom (2009):* „Urban Hacking" als praktische und als theoretische Kritik der öffentlichen Räume. Vorüberlegungen zu paraflows 09, in: JUDITH FEGERL/GÜNTHER FRIESINGER (Hrsg.): *Urban Hacking. Katalog zum Festival für digitale Kunst und Kulturen, Paraflows 09*, Wien 2009.

SCHRÖTER, JENS (1998): Intermedialität. Facetten und Probleme eines aktuellen medienwissenschaftlichen Begriffs, in: *montage/av*, Jg. 7, Nr. 2, 129–154.

SCHUBERT, DAVID (2006): Das Meisterwerk des Trash: Fatboy Slim – praise you. http://www.bittekunst.de/fatboy-slim-praise-you-r-spike-jonze/ [01.02.2010]

SCHUEGRAF, MARTINA/MEIER, STEFAN (2005): Chat- und Forenanalyse, in: LOTHAR MIKOS/CLAUDIA WEGENER (Hrsg.): *Qualitative Medienforschung. Ein Handbuch*, Konstanz: UVK, 425–435.

SCHULZE, GERHARD (1992): *Die Erlebnisgesellschaft. Kultursoziologie der Gegenwart*, Frankfurt a.m.: Campus-Verl.

SCHULZE, GERHARD (2005): *Die Erlebnisgesellschaft. Kultursoziologie der Gegenwart*, 2. Aufl., Frankfurt a.m.: Campus-Verl.

SCHUSTER, MICHAEL (1998): *Malerei im Film: Peter Greenaway*, Hildesheim: Olms.

SEIBEL, KLAUDIA (2008): Hybridisierung, in: ANSGAR NÜNNING (Hrsg.): *Metzler Lexikon. Literatur- und Kulturtheorie*, Stuttgart: Metzler, 296.

SEJA, SILVIA (2009): *Handlungstheorien des Bildes*. Köln: Halem.

SHIRKY, CLAY (2008): *Here comes everybody: the power of organizing without organizations*, New York: Penguin Press.

SHMUELI, SANDRA (2003): 'Flash mob' craze spreads.
http://www.cnn.com/2003/TECH/internet/08/04/flash.mob/ [01.02.2010]

SIMANOWSKI, ROBERTO (2008): *Digitale Medien in der Erlebnisgesellschaft. Kultur – Kunst – Utopien*, Reinbek: Rowohlt.

SMITH, OWEN (1999): Developing a fluxable forum. Early performance and publishing, in: KEN FRIEDMAN (Hrsg.) (2009): *The Fluxus Reader*, Chichester: Acad. Ed., 3–20.

STEGBAUER, CHRISTIAN (2005): Soziale Formen im Internet, in: MICHAEL JÄCKEL/ MANFRED MAI (Hrsg.): *Online-Vergesellschaftung? Mediensoziologische Perspektiven auf neue Kommunikationstechnologien*, Wiesbaden: VS, 201–223.

THIEDEKE, UDO (2008): Die Gemeinschaften der Eigensinnigen. Interaktionsmediale Kommunikationsbedingungen und virtuelle Gemeinschaften, in: FRIEDERIKE VON GROSS/WINFRIED MAROTZKI/UWE SANDER (Hrsg.): *Internet – Bildung – Gemeinschaft*, Wiesbaden: VS, 45–75.

THURN, HANS PETER (1991): Die Sozialität der Solitären, in: *Kunstforum International* Bd. 116, 100–127.

UNGER, ALEXANDER (2010): Virtuelle Räume und die Hybridisierung der Alltagswelt, in: PETRA GRELL/WINFRIED MAROTZKI/HEIDI SCHELHOWE (Hrsg.): *Neue digitale Kultur- und Bildungsräume*, Wiesbaden: VS, 99–118.

URSPRUNG, PHILIP (2004): Stillgestanden! Vanessa Beecrofts Bilder der Arbeit, in: CHRISTIAN JANECKE (Hrsg.): *Performance* und *Bild – Performance* als *Bild*, Berlin: Fundus, 304–336.

VAN EIMEREN, BIRGIT/FREES, BEATE (2009): Der Internetnutzer 2009 – multimedial und total vernetzt? Ergebnisse der ARD/ZDF-Online Studie, in: *Media Perspektiven* 7/2009, 334–348.

VOLKMANN, LAURENZ (2008): Karnevalismus, in: ANSGAR NÜNNING (Hrsg.): *Metzler-Lexikon Literatur- und Kulturtheorie*, Stuttgart: Metzler, 315.

WAGNER, JOCHEN (2007): Göttlich ausschaun, tierisch abgehn. Events als Doubles des nie gelebten Lebens: Die Rennstrecke, in: HARALD PÜHL/WOLFGANG SCHMID-BAUER (Hrsg.): *Eventkultur*, Berlin: Ulrich Leutner, 195–234.

WEBER, HEIKE (2008): *Das Versprechen mobiler Freiheit. Zur Kultur- und Technikgeschichte von Kofferradio, Walkman und Handy*, Bielefeld: Transcript.

WESCH, MICHAEL (2008): YouTube Statistics. Digital Ethnography@Kansas State University. http://mediatedcultures.net/ksudigg/?p=163 [06.06.2010]

WEISS, RALPH (2003): Alltagskultur, in: HANS-OTTO HÜGEL (Hrsg.): *Handbuch Populäre Kultur. Begriffe, Theorien und Diskussionen*, Stuttgart: Metzler, 23–32.

WIEGMINK, PIA: *Theatralität und öffentlicher Raum. Die Situationistische Internationale am Schnittpunkt von Kunst und Politik*, Marburg: Tectum, 2005.

WINTER, RAINER (2003): Erlebniskultur, in: HANS-OTTO HÜGEL (Hrsg.): *Handbuch Populäre Kultur. Begriffe, Theorien und Diskussionen*, Stuttgart/Weimar: Metzler, 32 bis 36.

Anhang

Flashmob-Manifest

\<EN\> A F l a s h m o b M a n i f e s t o

1. A flash-mob **doesn't have a purpose**.
    1.a. Although it may express an **opinion** or a **statement**.
2. A flash-mob **doesn't have leaders**.
3. The flash-mob **is not an illegal action**. Those who take part at a flash-mob must not engage in any kind of conflict with the authorities or with other persons.
4. The flash-mob is **a sum of individuals**, never a herd.
5. A flash-mob must remain **discrete**. The police authorities, the press, or other officials must not find out about the flash-mob or the identity of the participants.
6. For #5 to happen, the methods used for transmitting the instructions of a flash-mob are as follows: a) the fastest and most efficient method: **e-mail** to the trusty persons; b) fast method, but not the cheapest: **SMS**; c) risky method, but efficient: post the message on **forums**, **discussion groups**, **hubs**; d) **from mouth to mouth**, with the same condition: only to the trusty persons.
7. The trusty persons are those who know the principles of flash-mob and are commited to respect them.
8. The anouncement of a flash-mob must **never be made through mass-media**. Never print the anouncement or the instructions of a flash-mob. Nothing written physically.
9. The participants must **synchronize their watches** after Greenwich, in relation with the time zone of the event: http://wwp.GreenwichMeanTime.info.
10. The mobbers must take with them their **IDs** and show them to the authorized forces, but only after they have proved their authority and gave a plausible reason for the action taken.
11. The mobbers always come alone and leave alone, from and to different directions. **The gathering must not happen before the established time.** If there are too many persons going in the same direction, stop before a shop window, tie your shoe laces, look at the sky for a moment. **12.** The mobbers **do not communicate** with one another during the flash-mob.
13. The mobbers **do not know** each other during the flash-mob (even if they do, actually).
14. A flash-mob must not last more than **10 minutes**. The gathering and the dispersion must be natural and exact.
15. In case the press or the authorities find out about the flash-mob, **do not leave the event**. If you're being asked why you are there, give an absurd answer ("I like growing skunks", "I want people to have a ride on the subway", "I ran out of tampons") or use the answer you previously agreed on. **Do not give the press the occasion to fix an official opinion.**

16. A successful flash-mob is not the one which gathers the most people, but the one that manages to respect the principles of the flash-mob. **A single person can create a flash-mob.** Of course, size *does* matter, but not more than doing it right. In time, maybe even those who happen to be there when a flash-mob starts will come play. That would be the beauty of flash-mob.

Quelle:
http://web.archive.org/web/20071012195306/aglomerarispontane.weblog.ro/2004-12-05/20168/Manifestul-Aglomerarilor-Spontane---A-Flashmob-Manifesto.html
[09.07.2010]

Sachregister

Weitere Titel aus dem vwh-Verlag (Auszug)

Reihe „Medienwirtschaft"

K. Huemer: Die Zukunft des Buch-
marktes   Verlage und Buchhand-
lungen im digitalen Zeitalter
2010, 24,90 €, ISBN 978-3-940317-73-5

J.-F. Schrape: Gutenberg-Galaxis Re-
loaded?   Der Wandel des deutschen Buch-
handels durch Internet, E-Books und Mobile
Devices   2011, 17,90 €, 978-3-940317-85-8

B. Blaha: Von Riesen und Zwergen
Zum Strukturwandel im verbreitenden
Buchhandel in Deutschland und Österreich
2011, 24,90 €, ISBN 978-3-940317-93-3

Reihe „Game Studies"

A. Stoll: „Killerspiele" oder E-Sport?
2009, 28,90 €, ISBN 978-3-940317-42-1

R. T. Inderst:
Vergemeinschaftung in MMORPGs
2009, 34,90 €, ISBN 978-3-940317-50-6

M. Mayer: Warum leben, wenn
man stattdessen spielen kann?
2009, 36,90 €, ISBN 978-3-940317-54-4

D. Pietschmann: Das Erleben virtueller
Welten   2009, 28,90 €, 978-3-940317-44-5

R. T. Inderst/D. Wüllner:
10 Fragen zu Videospielen
2009, 22,90 €, ISBN 978-3-940317-56-8

A. Tolino: Gaming 2.0 –
Computerspiele und Kulturproduktion
2010, 44,90 €, ISBN 978-3-940317-66-7

K.-M. Behr: Kreativer Umgang
mit Computerspielen
2010, 31,50 €, ISBN 978-3-940317-75-9

G. Werdenich: PC bang, E-Sport
und der Zauber von StarCraft
2010, 25,90 €, ISBN 978-3-940317-74-2

R. T. Inderst/P. Just (Hg.): Contact ·
Conflict · Combat   Zur Tradition
des Konfliktes in digitalen Spielen
2011, 29,90 €, ISBN 978-3-940317-89-6

M. Mosel: Deranged Minds   Subjekti-
vierung der Erzählperspektive im Compu-
terspiel   2011, 27,50 €, 978-3-940317-96-4

M. Breuer: E-Sport – eine Markt- und
ordnungsökonomische Analyse
2011, 31,90 €, ISBN 978-3-940317-97-1

Reihe „AV-Medien"

D. Schreier: Film und Rhythmus
2008, 18,90 €, ISBN 978-3-940317-34-6

A. Melzener: Weltenbauer   Fantastische
Szenarien in Literatur, Games und Film
2010, 31,50 €, ISBN 978-3-940317-76-6

R. A. Moritz: Musikvideos
2010, 24,50 €, ISBN 978-3-940317-80-3

Reihe „Medientheorie"

T. Schindl: Räume des Medialen
2007, 24,90 €, ISBN 978-3-940317-13-1

E. Tinsobin: Das Kino als Apparat
2008, 24,90 €, ISBN 978-3-940317-18-6

H. Hillgärtner:
Das Medium als Werkzeug
2008, 30,90 €, ISBN 978-3-940317-31-5

R. Balsam: Selbstinszenierung durch
Fotografie   Die Pose als Mittel der
Selbstdarstellung am Beispiel von *studiVZ*
2009, 29,50 €, ISBN 978-3-940317-58-2

W. Drucker: Von Sputnik zu Google
Earth   Über den Perspektivenwechsel
hin zu einer ökologischen Weltsicht
2011, 25,90 €, ISBN 978-3-940317-82-7

Reihe „E-Humanities"

C. Russ: Online Crowds   Massenphäno-
mene und kollektives Verhalten im Internet
2010, 31,50 €, ISBN 978-3-940317-67-4

„Kleine Schriften"

M. Pankow: In kurzen Sätzen zur
weiten Welt   Eine funktionale Analyse
des Phänomens *Twitter* [Softcover]
2010, 12,80 €, ISBN 978-3-940317-65-0

Varia

nestor Handbuch   Eine kleine Enzyklo-
pädie der digitalen Langzeitarchivierung
2009, 24,90 €, ISBN 978-3-940317-48-3

*weitere Schriftenreihen des vwh-Verlages
(s. www.vwh-verlag.de):*

- **Typo|Druck**
- **Multimedia**
- **E-Business**
- **E-Collaboration**
- **Schriften zur
  Informationswissenschaft**

vwh   Aktuelle Ankündigungen, Inhaltsverzeichnisse und Rezensionen
finden sie im vwh-Blog unter www.vwh-verlag.de.
Das komplette Verlagsprogramm mit Buchbeschreibungen sowie eine direkte
Bestellmöglichkeit im vwh-Shop finden Sie unter www.vwh-verlag-shop.de.